初心者さんもおうちで簡単！

癒しのどうぶつねりきり

御菓子司 紅谷三宅

三宅正晃

KADOKAWA

はじめに

ねりきりは、白こし餡に求肥や山芋を加えて練り上げた和菓子です。
職人の技で自在にその形と色を変えます。
おいしいだけでなく、ひとつのねりきりから、季節の移ろい、
自然の風物を感じ取れるところも魅力です。

新型コロナウイルス感染症が猛威をふるった2020年、
その影響は、私の仕事にも少なからずあり、それまでのように、
お客様と和菓子を通じて、つながり合うことが難しくなった時期がありました。

そんな折、ふと思い立って作ったのが、表紙にもなっている
丸みのある、ねこのねりきり「ねこたま」でした。
もともとどうぶつ好きだったこともあり、創作そのものがとても楽しい時間でした。

その画像をSNSにアップしてみたところ、思いがけなく、
多くの方から温かい反響をいただき、
それがとても嬉しく、大いに力づけられました。

それからは、先代の父から受け継いだ伝統的な店の味を守りながら、
同時に、愛らしいどうぶつをかたどった「癒しのねりきり」も作り続けています。
その「癒しのねりきり」を、ご家庭でも手軽に作れるようにまとめたのがこの本です。

ねりきりを作る工程は、手間も時間もかかり、細工も難しいものですが、
この本では、初めてねりきりを作る方でも、
楽しく簡単に作れるようにレシピを工夫しました。

材料はスーパーなどで購入できるものを中心にし、
道具もできるだけご家庭にあるもので作れるようにしています。

お菓子の力とでもいうのでしょうか。
緊張していたり、気持ちが沈んでいたりするときでも、美しくておいしいお菓子を味わうと、
波立っていた思いがスーッと消えて、心穏やかな時間が流れます。

「癒しのねりきり」を通じて、たくさんの笑顔と温かい時間が生まれ、
心もお腹も満たされるひとときを過ごしていただけたら、
こんなに嬉しいことはありません。

どうぶつねりきりの魅力

前列左から、かっぱ（P.63）、ハリネズミ（P.88）、
さくらねこ（P.105）、ハシビロコウ（P.92）、
後列左から、たぬき（P.120）、ぱんだ（P.110）、
ダックオーランタン（P.85）、オカメインコ（P.96）

1 | 丸みのあるかわいい形

かわいらしさのポイントは、腰高で丸みをもたせたフォルムにすることと、顔のパーツを輪郭の中心、1/4〜1/3くらいの範囲に集合させることです。完成した姿だけでなく、どうぶつができていく過程も楽しめるのは、手作りだからこそ。この本では、そんなかわいいどうぶつを35種類、合計50レシピ以上紹介しています。慣れてきたらアート感覚で、表情や色をアレンジしてみてください。章末の季節のかざりを使ってどうぶつを彩るのもおすすめです。

2 | おやつやおつまみにも

ひと口食べれば、口どけなめらかな餡子や、飽きのこない控えめな甘さを楽しんでいただけると思います。この本では、ねりきりのおいしさを味わっていただけるように、少し多めの分量で、厚めに包餡（P.21）できるレシピにしています。ねりきりは、緑茶だけでなく、コーヒーやソーダとも相性がよく、日本酒やカクテルなどのお酒ともよく合います。お気に入りの飲み物とぜひ組み合わせて、心豊かなひとときをお過ごしください。

3 | ご家庭で手軽に作れます

手に入りやすい材料で、道具もキッチンにあるものを使って、ご家庭でおいしいねりきりが作れるように考えました。身近なもので作ることができますので、思い立ったその日から、さっそく作ることができます。ねりきりは小さく、細かな作業が多いので、文章だけではイメージしにくい部分には、プロセス写真やワンポイントアドバイスを多く盛り込みました。難易度も参考にしながら、ぜひお好きなどうぶつから作ってみてください。

ねりきり作りが、
みなさんの新しい趣味の
ひとつになるといいな！

CONTENTS

第1章　まずは基本の作り方にトライ！
ねりきりのいろは
BASICS OF NERIKIRI

第2章　心ときめくやさしい色合い
春
SPRING

第3章　涼やかな水辺でひと休み
夏
SUMMER

第4章　夕暮れにあたたかく映える
秋
AUTUMN

CONTENTS

撮影　　　糸井琢眞
（P.20、48、64、112、128の写真は著者提供）
デザイン　高橋朱里
イラスト　三宅夏菜
DTP　　　エヴリ・シンク
校正　　　あかえんぴつ
編集協力　満留礼子（羊カンパニー）
編集　　　伊藤瑞華（KADOKAWA）

第1章
まずは基本の作り方にトライ!
ねりきりのいろは
BASICS OF NERIKIRI

どうぶつねりきりを作るときに一番大事なことは、楽しむこと。

楽しんでいると、それが自然と手のひらに伝わって、ねりきりがどんどん

かわいくなっていきます。材料や道具、基本の技法を確認することも大切に。

最初は難しく感じることも、回を重ねるたびに自由度が増して、

思い描いていたイメージに近づいていけます。

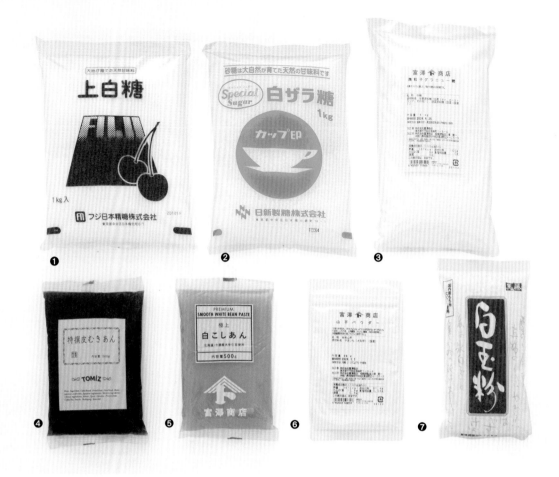

材料

この本で使用する材料はスーパーなどで購入できるものが中心です。
ネットスーパーや、製菓食材店の「富澤商店」などでもまとめて購入できます。

❶ 上白糖

レシピの白ザラメは、キッチンにあることの多い上白糖で代用可。さとうきびなどから糖分を取り出し、結晶化させたもの。しっとりとした質感。

❷ 白ザラメ

琥珀糖や羊羹を作るときに使用。コクがありながらさっぱりとした甘さに調う。

❸ グラニュー糖

レシピの白ザラメの代用に向く。さとうきびなどから糖分を取り出し、結晶化させたもの。サラサラとした質感。

❹ 小豆こし餡

ねりきり餡の「中餡」に使用。小豆を炊いて裏ごしし、外皮を取り除き、砂糖を加えて練り上げた餡子。

＊皮むき餡がおすすめです。

❺ 白こし餡

ねりきり餡を作るときに使用。粉末食用色素で色をつけることもできる。白小豆や白いんげん豆などを炊いて裏ごしし、外皮を除き、砂糖を加えて練り上げた餡子。

❻ 山芋パウダー

山芋つなぎの「薯蕷ねりきり」を作るときに使用。やわらかな口あたりになり、手軽に山芋の風味を楽しめる。山芋をフリーズドライ製法で粉末にしたもの。

❼ 白玉粉

ねりきり餡を作るときに「生地のつなぎ」として使用。もち米を水にさらして水引きし、沈殿させたものを乾燥させた粉。

小豆こし餡、白こし餡は、袋の中身が離水している場合は、中身をボウルにすべて取り出し、ヘラか手で全体を均一に混ぜ合わせてから使いましょう。

❽

❾

❿

⓫

⓬

⓭

⓮

⓯

⓰

❽ 大納言の甘納豆

ハムスターが抱える木の実やひつじの
ツノに見立てて使用。

⓫ 五色チョコスプレー

新引粉の代わりに使用可。下準備な
しで使えるためおすすめ。

⓮ オブラートパウダー

「雪」を表現するときに使用。氷餅で
も代用可。きつねの仕上げに、上か
らふりかける。あざらしやしろくまにま
ぶしても面白い。

❾ 炒りごま（黒）

どうぶつの目に見立てて使用。

＊洗いごまの場合は、フライパンなどで炒っ
てから使いましょう。

⓬ 新引粉（しんびき）

どうぶつの目や鼻に見立てて使用。も
ともとは白い粉のため、粉末食用色
素を少量のアルコールに溶かし、色を
つけてから使う。

⓯ かぼちゃの種

ジャックオーランタンなどで、かぼちゃ
のヘタに見立てて使用。

＊ローストしたものを使いましょう。

❿ 粉寒天

羊羹や琥珀糖を作るときに使用。海
藻のテングサなどを粉末にしたもの。

⓭ くるみ

❽の代わりに、ハムスターが抱える木
の実やひつじのツノに見立てて使用
可。

＊ローストしたものを使いましょう。

⓰ 粉末食用色素
（ピンク、赤、黄、青、黒）

ねりきり餡に色をつけるときに少量の
水に溶かして使用。

エディブルフラワー

どうぶつに持たせたり、器を飾っ
たりするときに使うとより華やかに
なります。生花タイプとドライタイプ
があり、写真はドライタイプです。
保存の際は湿気に注意しましょう。

道具

この本に出てくるねりきり作りの道具は、ご家庭のキッチンにあるものが中心です。
もし道具がそろわなくても大丈夫。P.14〜15の代用アイデアを参考にしてみてください。
右ページでご紹介しているような専用の道具もあると、よりきれいに仕上がります。

❶ 耐熱ボウル

白こし餡、小豆こし餡を電子レンジで加熱するときに使用。

❹ ゴムベラ

材料を混ぜ合わせるときは、ボウルのカーブに添うゴムベラがおすすめ。木ベラやボウルについた餡子を取る際などにも使用する。

＊耐熱性のものを使いましょう。

食品用アルコール

手指をはじめ、道具や作業台の消毒に使います。食品にも直接吹きかけることができます。薯引粉に色をつけるときにも使います。

❷ 電子秤（はかり）

材料を計るときに使用。0.1g単位で計れるものがおすすめ。

❺ 鍋

羊羹を作るときに使用。底が丸い鍋は、底が平らな鍋よりも均一に混ぜやすいためおすすめ。ご家庭にある鍋で代用可。

❼ 使い捨て容器

市販のプリンなどのプラスチック容器は、粉末食用色素を溶くときにあると、使用後に洗わずに捨てられる。使い捨てのスプーンもあると便利。

**❾ クッキングシート／
パラフィン紙**

琥珀糖を乾燥させるときなどに使用。三角形に切り出し、絞り袋（P.25）としても使える。

❸ 木ベラ

鍋に羊羹や琥珀糖の材料を入れて火にかけるときは、木ベラがおすすめ。

❻ 泡立て器

ねりきり餡を作るときなどに使用。小ぶりでワイヤーの本数が多く、ワイヤーの先の重なりが密なものがおすすめ。

❽ 小さいスプーン

鬼の口の形を作るときなどに使用。スプーンの先が少し尖ったものがおすすめ。

❿ 木のまな板

乾いた状態で、作業台として使用。ねりきり餡を冷ますときも、生地から出た水分を吸ってくれる。

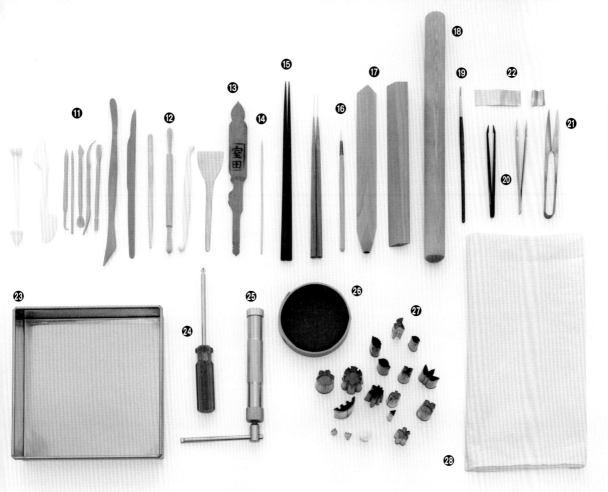

⑪ 細工棒各種

ねりきりの形を整えたり、模様をつけたりするときなどに使用。粘土細工用やマジパン細工用のものも便利。

⑭ 竹串

ぴよたまの鼻の穴や、あざらしの眉を作るときなどに使用。

⑰ 三角棒

ねりきり餡に切り込みを入れたり、模様をつけたりするときに使用。

⑳ ピンセット

小さなパーツをねりきりにはりつけるときに使用。

㉓ 羊羹舟

琥珀糖や羊羹を作るときに使用。写真のものはステンレス製の18×18×5cm。

㉖ ふるい

ハリネズミのハリや、ひつじ、トイプードルの毛を作るときなどに使用。目の細かいものがおすすめ。

⑫ 押し棒

和柴やきつねの耳を作るときなどに使用。

⑮ 箸

細かなパーツをはりつけるときなどに使用。押し棒や三角棒の代わりとしても使える。

＊先端が細いものを選びましょう。

⑱ 麺棒

ねりきり餡を伸ばすときに使用。

㉑ ハサミ

オカメインコの冠羽を作るときに使用。

㉔ プラスドライバー

アヒルのおしりの穴を作るときなどに使用。

㉗ 抜き型／押し型

ねりきりのパーツや桜、紅葉を型で抜いたり、ねりきりに模様をつけたりするときに使用。

⑬ 細工ヘラ

ねりきりに切り込みを入れたり、模様をつけたりするときに使用。生地につきにくい竹製や木製がおすすめ。

⑯ 針切り箸

ねりきり餡に切り込みを入れるときや細かなパーツをつけるときに使用。

⑲ 小筆

トラねこや赤鬼のパンツの模様をつけるときなどに使用。

㉒ ブリキ板

ウーパールーパーの口の形を作るときなどに使用。

㉕ 押し出し機／小田巻

マフラーを作るときにあると便利。

㉘ さらし

ねりきり餡にかけて乾燥を防ぐために使用。手ぬぐいなどの木綿の布地やハンカチ、ガーゼでも代用可。

おうちで簡単！
道具の代用アイデア

ねりきり作りの道具は、ご家庭のキッチンにあるもので代用できます。
このページでご紹介するアイデアに加えて、
それぞれのレシピにも、「○○でもOK」と記載がありますので、
ぜひ参考にしてみてください。

指

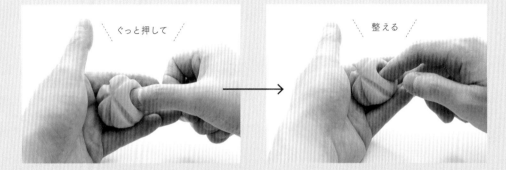

手がいちばんの道具になってくれます。ゴロゴロキューランタン（P.85）などの穴を作るときは、押し棒の代わりに、親指をねりきり餡にぐっと押し込み、その後、人差し指で形を整えれば、きれいな穴ができあがります。三部ぼかし（P.23）をするときも、親指の腹で生地を押して、薄くすることができます。

箸

押し棒をはじめ、細工棒や三角棒、ピンセットは、箸で代用できます。どうぶつの耳を作るときの押し棒は、箸頭（箸の持ち手側の太い部分）を使いましょう。細かい模様をつけたり、そぼろをつまんだりするときは、箸先を使いましょう。箸は、先の細いものがおすすめです。

かまぼこ板

ギュッと押しつけて

三角棒は、かまぼこ板など、角のある板で代用できます。あざらし（P.28）などの足ひれを作るときは、かまぼこ板の角で切り込みを入れましょう。

茶こし

ひっくり返して押し出す

ふるいは、茶こしで代用できます。ひつじ（P.64）などの毛やハリネズミ（P.88）のハリを作るときは、茶こしをひっくり返し、下から上に向けて、ねりきり餡を押し出して使いましょう。目の細かさによって、できるそぼろの細かさが変わります。

クッキーの抜き型

大小のサイズがあると便利

抜き型は、クッキーや野菜用の抜き型で代用できます。100円ショップなどでも取り扱いがあります。抜き型がない場合は、手で成形したり、薄く伸ばしてから切り抜いたりしてもOKです。

三宅さんは、自分で薄い真鍮（しんちゅう）をペンチなどで加工して、抜き型を手作りしちゃうんだって！

基本のねりきり餡

ねりきり餡は、ねりきりの外側の部分。ご家庭で手軽に作れる2つの製法をご紹介します。

ねりきり餡は、つなぎで風味や香り、口あたりが変わるのも魅力です。

ぜひ、その違いも楽しんでいただければと思います。

求肥つなぎのねりきり餡

白玉粉をつなぎに使う、初心者の方でも作りやすいねりきり餡です。

材料　作りやすい量（どうぶつの体約6個分）

白こし餡（市販）… 200g

白玉粉 … 5g

水 … 5g

道具

・耐熱ボウル

・木ベラ

・ゴムベラ

・鍋

・木のまな板

・さらし

作り方

1 耐熱ボウルに白こし餡を入れる。熱が均等に伝わるように、ボウル全体に木ベラで薄く押し広げる。ラップはせずに、電子レンジ（500W）で2分加熱し水分を飛ばす。加熱後は木ベラで全体をよく混ぜる。

Point 白こし餡がやわらかい場合は、**1**をボウル全体に再び薄く押し広げ、電子レンジでさらに30秒加熱して、手につかない程度の硬さになるまで水分を飛ばしましょう。

2 **1**の加熱中に、別のボウルに白玉粉を入れ、分量の水を加えてこねる。ドーナツの形にする。

3 鍋に湯を沸かし、**2**を入れて、浮き上がるまでゆでる。

Point 写真**3**は火から下ろしていますが、沸々にならないくらいの火加減でゆでましょう。

4 **3**を**1**に加えて、ゴムベラで全体によくなじませる。ボウル全体に木ベラで薄く押し広げたら、電子レンジで30秒加熱して、水分を飛ばす。全体をよく混ぜ、生地を少量手に取ってみて、手につかない程度の硬さになるまで、30秒の加熱を2～3回行う。

Point トイプードル（P.90）などの毛に見立てて使用する場合は、手にくっつくくらいやわらかめに仕上げましょう。

5 木のまな板の上に、同じ大きさになるように小さくちぎって置き、濡らして固く絞ったさらしを上からかけて粗熱を取る。

Point 熱の抜け方が均一になり、乾燥ムラを防ぐことができます。

6 粗熱が取れたら、なめらかになるまで手でしっかりもみ込む。

7 熱が完全に抜けるまで、**5**～**6**の工程を2～3回繰り返す。保存する場合はラップで包む。

使いきれなかったねりきり餡は……

使いきれなかったねりきり餡は、冷蔵庫で2日間、冷凍庫で2～3週間ほど保存できます。冷凍した場合は自然解凍をして使います。硬くなりすぎた場合は、水飴を少量加えて、扱いやすい硬さに調整しましょう。

山芋つなぎのねりきり餡

山芋の香りが鼻を抜ける風味豊かなねりきり餡です。
本格的な薯蕷ねりきりを作ってみたい方は、
ぜひトライしてみてください。

材料 作りやすい量（どうぶつの体約6個分）

白こし餡（市販）… 200g
山芋パウダー … 6g
水 … 10〜15g

> **生の山芋を使う場合**
> 山芋（大和芋／粘りの強いもの）… 25〜30g
> 皮をむき、目の細かいおろし金で、軽く円を描くようにすりおろしましょう。

道具

・耐熱ボウル
・泡立て器
・木ベラ
・ゴムベラ
・木のまな板
・さらし

作り方

1 ボウルに山芋パウダーを入れ、分量の水を加えながら、泡立て器でダマにならないように素早く混ぜ合わせる。

　Point 山芋パウダーがよく混ざるよう、水の量は様子を見て調整してください。小さめの泡立て器が混ぜやすくおすすめです。

2 耐熱ボウルに白こし餡を入れる。熱が均等に伝わるように、ボウル全体に木ベラで薄く押し広げる。ラップはせずに、電子レンジ（500W）で2分加熱し、水分を飛ばす。加熱後は木ベラで全体をよく混ぜる。

　Point 白こし餡がやわらかい場合は、**2**をボウル全体に再び薄く押し広げ、電子レンジでさらに30秒加熱して水分を飛ばし、手につかない程度の硬さになるまで水分を飛ばしましょう。

3 **1**を**2**に加えて、ゴムベラで全体によくなじませる。ボウル全体に木ベラで薄く押し広げたら、電子レンジで30秒加熱して、水分を飛ばす。全体をよく混ぜ、生地を少量手に取ってみて、手につかない程度の硬さになるまで、30秒の加熱を2〜3回行う。

4 木のまな板の上に、同じ大きさになるように小さくちぎって置き、濡らして固く絞ったさらしを上からかけて粗熱を取る。

　Point 熱の抜け方が均一になり、乾燥ムラを防ぐことができます。

5 粗熱が取れたら、なめらかになるまで手でしっかりもみ込む。

6 熱が完全に抜けるまで、**4〜5**の工程を2〜3回繰り返す。保存する場合はラップで包む。

　Point 求肥つなぎも山芋つなぎも、よくもむことで空気が入り、ねりきり餡の色が白くなり、着色したときに、よりきれいな色になります。写真**5**の左がもみ込む前、右がもみ込んだ後です。

4

5
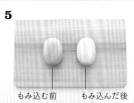

もみ込む前　　もみ込んだ後

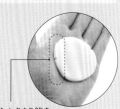

完成したねりきり餡を平らに伸ばしたときに、まわりがヒビ割れたら、乾燥または硬すぎるサインです。

山芋について

薯蕷ねりきりに使用する山芋は、大和芋、イチョウイモ、ツクネイモとも呼ばれ、粘りの強さが特長です。店では、群馬県産の大和芋を使用しています。すりおろした大和芋は、箸でつまめるほどの強い粘りとコクがあり、格別な風味があります。

色作りの勘どころ

「癒しのねりきり」は、豊かな彩りも楽しみのひとつです。
4色の粉末食用色素（赤かピンク、黄、青、黒）を組み合わせることで、
この本に登場するどうぶつたちの色を作ることができます。

色のつけ方

色は形よりも重要な要素です。最初はごく少量ずつ
ねりきり餡（P.16、17）に加えて、淡い色合いで
仕上げることを目指しましょう。

（材料） 作りやすい量

ねりきり餡 … 適量
粉末食用色素（赤）… ごく少量
水 … ごく少量

（道具）

・使い捨て容器
・使い捨てスプーン

（作り方）

1 使い捨てできる容器に、ごく少量の粉末食用色素（赤）を入れる。

2 ごく少量の水を加えて溶き、水溶き色素を作る。

3 スプーンなどの先で**2**を1滴ずつ、プレーンのねりきり餡に加え、折りたたむようにして均一になじませる。

Point 少量の生地（写真**3**で手に持っているくらいの量）を濃く色づけし、それを白い生地に少しずつ足しながら好みの色に調整すると、失敗しにくくなります。

Point 粉末食用色素の代わりに、ココアパウダーや抹茶パウダーなどを1～2g加えることもできます。その場合は、ねりきり餡を作る際に加えます。つなぎを餡に加えるとき（P.16のステップ**4**、P.17のステップ**3**）に、ごく少量の水で溶いたパウダーを入れ、一緒に混ぜ合わせましょう。

Point プリンやゼリーの容器などを取っておき、それで水溶き色素を作ると、食器などを洗わずに済みます。使い捨てのスプーンもあると便利です。

Point 水溶きした色素にダマができた場合は、ラップをして一晩置きましょう。翌日、ダマになった色素が下に沈むのを待ち、上澄みだけを使いましょう。

色のバリエーション

どうぶつねりきりでは、いろいろな色のねりきり餡を使います。これらの色は、基本的には赤かピンク、黄、青、黒の4色の組み合わせで作ることができます。

白（色づけしない）

グレー（黒を薄めに着色）

黒（黒）

赤（赤／赤かピンク＋黄多め）

桃（ピンク／赤を薄めに着色）

橙（ピンク＋黄）

黄（黄）

黄緑（黄＋青）

水色（青を薄めに着色）

紫（ピンク＋青）

小豆色（赤かピンク＋青＋黄）
＊茶、キャラメル色も同様に。

その他の色も、
これらの組み合わせを参考に
自由に作ってみてください。

小豆こし餡

小豆こし餡は、ねりきりの内側の部分。ねりきりの中餡（芯）として使うために、
電子レンジで加熱して、ちょうどよい硬さにします。
1.5cmくらいの大きさ（約12g）に丸めたら、ねりきり餡（P.16、17）で包み込みます。

中餡の作り方

ここでの中餡とは、小豆こし餡を1.5cmくらいの大きさ（約12g）に丸めたもので、ねりきりの中餡として使います。市販の小豆こし餡を加熱し、硬さを整えてから使うと作りやすくなります。

材料 作りやすい量（中餡約15個分）

小豆こし餡（市販）… 200g

道具

・耐熱ボウル
・木ベラ
・ゴムベラ
・木のまな板
・さらし

5

作り方

1 耐熱ボウルに小豆こし餡を入れる。熱が均等に伝わるように、ボウル全体に薄く広げる。ラップはせずに、電子レンジ（500W）で1分30秒〜2分加熱し、水分を飛ばす。加熱後は木ベラで全体をよく混ぜる。

2 生地を少量手に取ってみて、手につかない程度の硬さになるまで、電子レンジで30秒ずつ加熱しては全体をよく混ぜる。これを1〜2回繰り返す。

Point **1**の段階で、手につかない程度の硬さになったら、**2**で加熱しなくてOKです。

3 木のまな板の上に、同じ大きさになるように小さくちぎって置き、濡らして固く絞ったさらしを上からかけて粗熱を取る。

Point 熱の抜け方が均一になり、乾燥ムラを防ぐことができます。

4 粗熱が取れたら、なめらかになるまで、手でしっかりもみ込む。

5 熱が完全に抜けるまで、**3**〜**4**の工程を2〜3回繰り返す。保存する場合はラップで包む。

6 どうぶつねりきりを作るときに、直径1.5cm（約12g）くらいに丸めて中餡にする。

餡に味つけしたいときは……

桜やいちごなどの風味を中餡につけたい場合は、**4**の後に、粉末やペーストを加えます。その際、中餡は白こし餡にするのがおすすめです。
100gの白こし餡に対し、粉末は1〜3%、ピューレやペーストは10〜20%を目安に、加えてみましょう。ココアパウダーや抹茶パウダーなどの粉末は、約1〜2gをごく少量の水で溶き、白こし餡に加えてよく混ぜ合わせてから、小豆こし餡の中餡の作り方と同様に硬さを調整してください。
ピューレ状でやわらかいものは、20gのものを加熱して10g程度まで水分を飛ばす必要があります。加熱しすぎると風味が損なわれてしまうので注意しましょう。
水分を飛ばした後は、白こし餡と混ぜ合わせ、小豆こし餡の中餡の作り方と同様に硬さを調整してください。これらは、あくまでも目安の分量ですので、加減しながら調整しましょう。

包餡

包餡とは、ねりきり餡で小豆こし餡（中餡）を包むこと。
きれいに包むために、繰り返し練習しましょう。
包めるようになると作業もより楽しくなります。

Point　ねりきり餡と中餡は、同じくらいの硬さに仕上げると包みやすく、きれいに仕上がります。包餡や成形が難しいときは、中餡の方を少し硬めに調整しましょう。

Point　手は固く絞った手ぬぐいでこまめに拭いて、常に清潔に保ちましょう。作業がしやすいことに加え、仕上がりも美しくなります。

Point　この本では右利きの場合の手の動かし方をご紹介しています。左利きの方は左右を逆にしてください。

（ 材料 ）　1個分

ねりきり餡（白）… 30g

小豆こし餡（中餡）… 12g

Point　この分量を基本に、どうぶつによってアレンジをしています。包餡に慣れ、どうぶつを作る際は、各レシピの分量で包餡しましょう。

（ 作り方 ）

1　丸めたねりきり餡（白）を、左手の手のひらにのせ、右手の親指の下のふくらみを使いながら、平らに伸ばす。

2　左手の指先を少し曲げ、くぼんだ部分に生地の中心がくるように **1** を置き、その上に小豆こし餡（中餡）をのせる。

3　右手の親指と人差し指で小豆こし餡（中餡）を押しながら、左手で全体を時計回りに回して、小豆こし餡（中餡）のまわりに生地をつけていく。

　　Point　左手をすぼめて、生地を持ち上げるように手を動かすと包みやすくなります。

4　半分くらい包めたら深く握り直し、ねりきり餡の縁をすぼめるように包んでいく。

5　指先で三角形を作るようにして、ねりきり餡の端を伸ばしながら閉じていく。

6　最後に指先で生地をつまんで閉じる。

　　Point　作業をするときは、ねりきりに指の跡がつかないように意識しましょう。指の跡がついてしまった場合は、指の腹などでなでると、消すことができます。

ぼかし方

どうぶつねりきりの魅力のひとつは、ねりきり餡の美しいグラデーション。
色合いの異なるねりきり餡をぼかすことで、より表情豊かに仕上がります。
代表的な2つの技法「はりぼかし」と「三部ぼかし」をご紹介します。

はりぼかし

色の異なるねりきり餡をはり合わせて、色の境をぼかす技法です。
イルカ（P.54）やきつね（P.119）などの体を作るときに使います。
ほんのりとしたグラデーションを目指しましょう。

材料 1個分

ねりきり餡（水色）… 22g
ねりきり餡（白）… 7g
小豆こし餡（中餡）… 12g

Point この分量を基本に、どうぶつによってアレンジをしています。
どうぶつを作る際は、各レシピの分量ではりぼかしをしてください。

作り方

1 ねりきり餡（水色）を俵形にし、右手の親指の下のふくらみを使って軽く押し、長い辺の片側を薄く伸ばす。

2 ねりきり餡（白）も**1**と同様に俵形にし、右手の親指の下のふくらみを使って軽く押し、片側を薄く伸ばす。

3 **1**と**2**の伸ばした部分を重ねてはり合わせる。

4 境目を白色から水色へ指で丁寧にぼかしながら、なじませる。

Point 薄い色の生地から濃い色の生地へ伸ばすのがコツです。

5 手の平らなところを使って軽く押しながら、円形に整える。

6 小豆こし餡（中餡）を包餡（P.21）する。

三部ぼかし

はりぼかしよりさらに狭い範囲に色をぼかす技法です。
ねりきり餡の一部をへこませ、
そこに異なる色のねりきり餡を埋め込みます。
うさぎ（P.76）やシマエナガ（P.108）の体を作るときなどに使います。

材料 1個分

ねりきり餡（白）… 22g
ねりきり餡（桃）… 7g
小豆こし餡（中餡）… 12g

Point この分量を基本に、どうぶつによってアレンジをしています。
どうぶつを作る際は、各レシピの分量で三部ぼかしをしてください。

道具

・細工棒（あれば）

作り方

1　丸めたねりきり餡（白）を左手のひらにのせ、右手の親指の下のふくらみを使って軽く押しながら、円形に伸ばす。

2　**1**の中心を細工棒や指などを使い、生地が透けるくらいへこませる。

3　**2**のへこみに、丸めたねりきり餡（桃）を埋め込み、手の平らなところを使って軽く押す。

4　埋め込んだねりきり餡（桃）がはがれないよう、丁寧になじませる。

5　小豆こし餡（中餡）を包餡（P.21）する。

目の作り方

どうぶつねりきりでは、新引粉や羊羹に黒い色をつけて、目に見立てて使います。
最初は、下準備の要らない、炒りごまや五色チョコスプレーを使うと手軽です。
使う材料によって、どうぶつの表情が違って見えるのも魅力です。

| 新引粉 | 新引粉を粉末食用色素で黒く着色して、ぴよたま（P.43）の目などにします。粉末食用色素を食品用アルコールで溶くと、時間の経過でアルコールだけが蒸発し、きれいに色がつきます。 |

（材料） 作りやすい量

新引粉 … 大さじ1
粉末食用色素（黒）… 適量
食品用アルコール … 適量

Point 食用色素の色を変えたり、着色せずに使用したりすることで、単色ねこ（P.104）の鼻やオカメインコ（P.96）のろう膜など、目以外に見立てることもできます。

（道具）

・使い捨て容器
・使い捨てスプーン
・クッキングシート

（作り方）

1 使い捨てできる容器に、ごく少量の粉末食用色素（黒）を入れる。

  Point プリンやゼリーの容器などを取っておき、それでアルコール溶き色素を作ると、食器などを洗わずに済みます。使い捨てのスプーンもあると便利です。

2 少量の食品用アルコールで溶き、アルコールの色素液を作る。

3 新引粉を加えて、ムラがないように丁寧に混ぜ合わせる。

4 クッキングシートなどきれいな紙の上に広げ、乾燥させる。

  Point 色づけした新引粉は、できるだけ重ならないように広げましょう。すぐに紙の上に広げないと、粘りが出て新引粉同士がくっついてしまいます。時間が経つと自然にアルコールが蒸発し、きれいに色づきます。

3

4

羊羹

黒に色づけした羊羹でどうぶつの目を作ります。
羊羹の輝きで潤んだつぶらな瞳に仕上がります。
市販の羊羹でも作れますが、手作りすると味わいもまた格別です。

材料 作りやすい量

水 … 100g
粉寒天 … 2g
白ザラメ … 70g
白こし餡 … 150g
粉末食用色素（黒）… 適量

道具

・鍋
・木ベラ
・竹串
・クッキングシート

作り方

1 鍋に分量の水を入れ、粉寒天を入れる。木ベラで8の字を描くようにゆっくり混ぜながら中火にかける。

2 沸騰してきたら白ザラメを加えて煮溶かし、再び沸騰したら、鍋を火から下ろす。

3 白こし餡を加えて溶かし、中火にかけて沸騰させる。

4 数分煮詰め、餡が木ベラからゆっくり垂れて字がかけるくらいの硬さになったら、火から下ろす。

5 使う分だけボウルに取り分け、少量の水（分量外）で溶いた粉末食用色素（黒）を加えて全体を黒く染める。

6 クッキングシートを広げ、その上に竹串の先で目の形に**5**の羊羹を垂らす。

◎ 使いきれなかった羊羹は……

冷凍庫で2～3週間ほど保存できます。再び使うときは自然解凍し、包丁で細かく角切りにして、少量の水とともに、鍋で中火にかけましょう。市販の無地の羊羹を使う際も同様に溶かすことができます。このとき、手でちぎると寒天の凝固力が下がり、固まりにくくなったり、ツヤがなくなったりします。その後は、作り方の**4**から同様です。

こんな方法も

羊羹の目をたくさん作りたいときは、クッキングシートで絞り袋を作るとラクです。クッキングシートやパラフィン紙を25×25cmほど切り出し、対角線を切って三角形を作り、それを円錐状に巻いて絞り袋を作ります。あとは、中に**5**の羊羹を流し込み、先端を少しハサミで切って絞り出すだけ。絞り袋と同じくらいの高さのコップに立てると、絞り袋に羊羹を流し込みやすくなります。

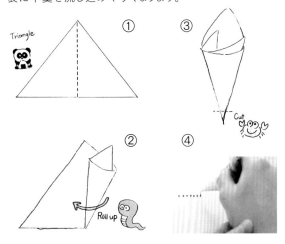

COLUMN / 先人たちの技と癒しのねりきり

日本には美しくておいしい和菓子がたくさんありますが、和菓子を召し上がる機会が少ない方の中には、「ねりきり」をご存じない方もいらっしゃいます。そうした方にとって、「癒しのねりきり」のかわいい見た目や形が、和菓子を知るひとつのきっかけになれば、とても嬉しいことです。

店では、四季折々の風物を写し取った、美しくておいしい伝統的なねりきりも作っています。伝統的なねりきりを作るときに大切にしているのは、抽象的に表現することです。

例えば、和菓子では、真っ赤な一枚の花びらだけで、梅の花を表現することもありますし、もっと抽象化して、花びらの形もなくしてしまい、紅い円だけで、梅の花の勢いや美しさを伝えることもあります。和菓子にとって、抽象的な形、そして色合いは重要な要素です。

そうした観点からしますと、「癒しのねりきり」は具体的で、写実的な面の強い和菓子だと思います。それは、ふだん、ねりきりを召し上がる機会が少ない方にも、興味を持っていただけるように、という思いからです。顔などは、ある程度作り込んでいますが、頭から足先まで、本物のどうぶつと同じように表現するのではなく、何かを足したら何かを引き、適度に省略して、新しい表現を探求しながら、和菓子らしい腰高でまるみのあるフォルムに仕上げています。

また、「癒しのねりきり」には、和菓子職人の先人たちが紡ぎ出した技法がたくさん使われています。味も先代の味を大切に受け継いでいます。見た目や形がかわいいので、新しく見えるかもしれませんが、技法と味わいは大切に受け継いできたものでできています。

茶道のお茶会のねりきりを制作して、伝統的な意匠を喜んでいただけたとき、そして、「癒しのねりきり」を受け取られて、お子様をはじめ、遠方からいらしてくださったお客様が嬉しそうに持ち帰られるとき、どちらも職人として、和菓子を作り続けてきてよかった、と心から温かい気持ちになります。

第2章

心ときめくやさしい色合い

春

SPRING

そよ風、ゆれる草花、甘い香り。うららかな春がめぐってきて、
嬉しさでいっぱいのどうぶつたち。出会いも別れも、心に残しておきたい大切な宝物だから、
愛らしいねりきりに思いを込めて、贈り物にするのも素敵です。

あざらし 【 難易度 ★★ 】

のどかな春の日。氷の上で、ゴマアザラシの赤ちゃんは、すやすや、すーすー、お昼寝中。
安心して眠っているのは、お腹がいっぱいだからかな。
思わずなでたくなるまんまるな姿は、幸せそのもの。

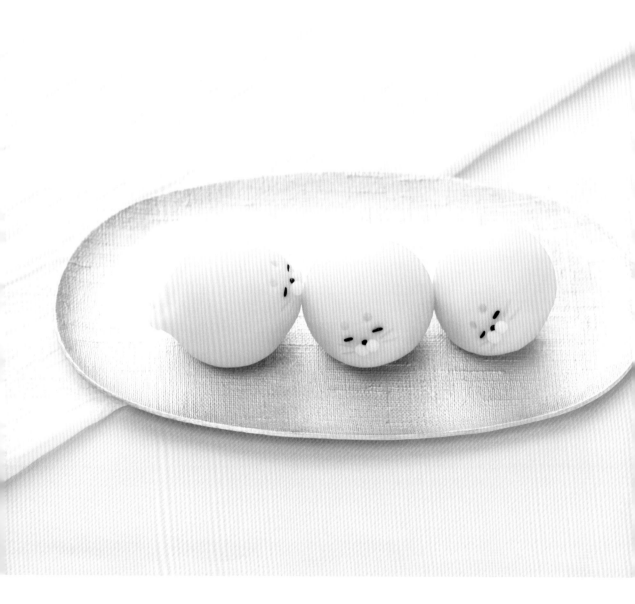

材料 1個分 道具

本体

ねりきり餡（白）… 29g

小豆こし餡（中餡）… 12g

パーツ

ねりきり餡（白／口元のふくらみ）… 適量

新引粉（黒／鼻）… 1粒

炒りごま（黒／目）… 2粒

- 三角棒（かまぼこ板でもOK）
- 竹串
- 針切り箸（竹串や箸でもOK）

作り方

本体

1 ねりきり餡（白）で小豆こし餡（中餡）を包餡する。

2 指で押し出して、頭の部分を少し尖らせる。

> **Point** 左手でねりきり餡を優しく持ち、少しずつ回転させながらあざらしの形に押し出して。写真**2**の向かって左側が、あざらしの頭になる部分で、少し尖っています。難しい場合は、指の跡を残さないことだけまずは意識してみましょう。

3 頭と反対側の足ひれになる部分を指で少しつまんで、平らにする。

4 三角棒で切り込みを入れ、足ひれにする。

パーツ

5 ねりきり餡（白）を小さく丸めたものを2個作り、**2**で少し尖らせた先端のあたりにつけて口元のふくらみにする。

> **Point** ねりきりの正面を決めましょう。仕上がりの正面をどこにするか決めてから作ると、耳や目などのパーツをつけるときに、バランスを取りやすくなります。

> **Point** 目、鼻、口は、顔の中央に寄せ、顔の1/4〜1/3くらいの範囲にまとめると、愛らしい表情になります。

6 **5**の2個の玉が重なる口元のすぐ上に新引粉（黒）をつけて、鼻にする。

7 口の少し上に炒りごま（黒）を横向きにつけて、目にする。

8 竹串の後ろで目の上を丸くへこませ、眉にする。

9 針切り箸で口元のふくらみの横に斜線を2本ずつ入れ、ひげにする。

2

頭になる部分

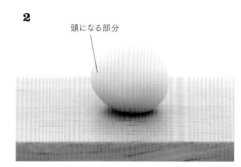

3

4

ぺんぎん 【 難易度★★ 】

よちよち歩きの皇帝ぺんぎんの赤ちゃんたち。愛くるしい顔とくりくりの目は、まるで天使のよう。
春の空をじーっと見上げたり、春のおだやかな風を感じたり、
ささやかな変化もとても嬉しい赤ちゃんたち。全員が冒険の主役です！

Point 顔の向きや、目にする炒りごまの向
きを変えると、違う表情が楽しめます。

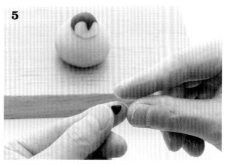

（材料） 1個分

本体

　　ねりきり餡（グレー）… 22g

　　小豆こし餡（中餡）… 12g

パーツ

　　ねりきり餡（黒／頭、口ばし）… 3g

　　ねりきり餡（白／顔）… 適量

　　ねりきり餡（グレー／腕）… 適量

　　炒りごま（黒／目）… 2粒

（道具）

・細工棒（あれば）

・箸（竹串でもOK）

（作り方）

本体

1　ねりきり餡（グレー）で、小豆こし餡（中餡）を包餡し、丸く成形する。

2　頭をのせる部分にへこみを作る。

　　Point　細工棒か指でへこませましょう。

パーツ

3　ねりきり（黒）を半球に成形して**2**にのせる。接着面をなじませて、頭にする。

4　ねりきり餡（白）を薄い楕円形に成形し、箸の先で中央（口ばしをのせる部分）をへこませ、**3**の黒い部分にはりつけてなじませる。

5　ねりきり餡（黒）で三角錐を作って口ばしにし、**4**の口の部分につける。

6　ねりきり餡（グレー）でひし形を2個作り、腕にする。体の左右につける。

　　Point　腕のつけねが頭と体の境目にくるようにつけるとかわいさがアップします。

7　炒りごま（黒）を縦につけて目にする。

　　Point　炒りごま（黒）を横につけると寝顔になります。

文鳥 【 難易度 ★★★ 】

うららかな春の光の中で、ひと休みしている文鳥たち。
チャームポイントの桃色の美しい口ばし、ふっくらとしたほっぺは、
今にも忙しく動いて、明るいさえずりが響き渡りそう！

Point レシピでは桜文鳥（中央）をご紹介します。シナモン文鳥（左）、白文鳥（右）も、ねりきり餡の色を変えることで、同様に作ることができます。

材料 1個分

本体

ねりきり餡（グレー）… 25g

小豆こし餡（中餡）… 12g

パーツ

ねりきり餡（黒／頭）… 3g

ねりきり餡（桃／口ばし、白目）… 適量

ねりきり餡（白／ほお）… 適量

羊羹（黒／目）… 2粒

道具

・針切り箸（竹串や箸でもOK）

・竹串

作り方

本体

1 ねりきり餡（グレー）で小豆こし餡（中餡）を包餡し、卵形に成形する。

2 指で三角に押し出して、尾羽にする。

3 頭をのせる部分にへこみを作る。

パーツ

4 ねりきり餡（黒）を半球に成形し、**3**にのせる。境目を軽くなじませて、頭にする。

5 ねりきり餡（桃）で三角錐を作り、**4**につけて、上の口ばしにする。

6 ねりきり餡（桃）で、もうひとつ、**5**より少し小さい三角錐を作り、**5**の下につけて、下の口ばしにする。

Point 口ばしは上→下の順番でつけましょう。上下の口ばしをつけたら、指で軽く挟み、口ばしを閉じましょう。

Point 文鳥は口ばしが命。丁寧に作り込みましょう。

7 ねりきり餡（白）をしずく形に丸めたものを2個作り、針切り箸でほおの部分につける。

Point パーツは、針切り箸のような先の細いものでつけるときれいにつけられます。竹串などでも代用できます。刺した穴が目立つ場合は手でなじませましょう。箸や2本の竹串を使って挟んでもOKです。

8 ねりきり餡（桃）を小さく丸めたものを2個作り、目の部分につけて白目にする。

9 羊羹（黒）を白目部分に埋め込み、黒目にする。

10 竹串の先で、口ばしに鼻の穴を2個入れる。

Point 穴から頭の生地の色が見えるよう、机と平行の角度で刺し込みましょう。

2

5

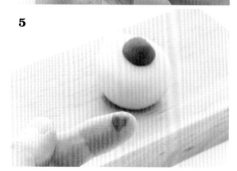

6

7

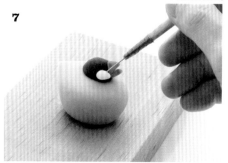

ハムスター 【 難易度 ★★★ 】

　春の訪れとともに、食欲もぐんとアップ。口いっぱいにナッツ（に見立てた甘納豆）を
ほおばるぷくぷくの口元。鼻をピクピクさせながら、小さな手で甘納豆をつかんで、もぐもぐもぐ。
すぐに、おかわりをねだられそう。

(材料) 1個分

本体

　ねりきり餡(白) … 27g

　ねりきり餡(茶) … ごく少量

　小豆こし餡(中餡) … 12g

パーツ

　ねりきり餡(淡い桃／鼻、足) … 適量

　ねりきり餡(白／手) … 適量

　炒りごま(黒) … 2粒

　甘納豆(大納言) … 1個

　＊甘納豆はくるみなどのナッツでもOKです。

(道具)

・三角棒(かまぼこ板でもOK)

・押し棒(箸頭に丸みのある箸でもOK)

(作り方)

本体

1　ねりきり餡(白)で小豆こし餡(中餡)を包餡し、丸く成形する。

2　左手で優しく回しながら、右手の指で生地を押し出し、頭と体の間のくびれを作る。

3　指で口元になる部分を引っぱり出し、細く整える。

4　口元の後ろを指で前に押し出してふくらませ、ほおにする。

　　Point　ほおの部分が作りにくいときは、ねりきり餡(白)を適量外づけしてもOK。ほおを大きくするほど、ハムスターらしくなります。

5　ごく少量のねりきり餡(茶)を細長く丸めて頭の部分に置き、アーモンド形になるようなじませる。

　　Point　指で優しくトントンしながらなじませましょう。

6　三角棒の先で口元に切り込みを入れる。

7　押し棒で頭の上の耳の部分を2カ所へこませ、指でつまんで尖らせて、耳の形を整える。

8　口元に甘納豆をつけ、ねりきり餡(白)で角の丸い長方形を2個作って手にし、甘納豆を挟むように体につける。

パーツ

9　ねりきり餡(淡い桃)を小さく丸めたものを**6**の切り込みの上につけて鼻にする。

10　ねりきり餡(淡い桃)で三角形を作り、三角棒で2カ所切り込みを入れて足の指を作る。これを2個作り、足として体の下に指が上になるようにはりつける。

11　炒りごま(黒)を斜めにつけて目にする。

　　Point　目は羊羹(黒)でもOKです。

わんこ大集合

見ているだけで癒される、ワンダフルなわんこたち。
どのわんこも、シンプルでおいしいねりきり餡から生まれた和菓子。
「うちの子」そっくりに作ってみるのも楽しそう!

前列左から、和柴(P.38)、ビションフリーゼ(P.91)、トイプードル(P.90)
後列左から、ボストンテリア(P.114)、パグ(P.40)、シュナウザー(P.112)

和柴 【 難易度 ★★★ 】

待ち遠しかった春がやってきて、気持ちが弾む柴犬たち。
今日は何して遊ぼうか、話に花が咲いているよう。
春風に誘われて、桜並木を散歩するのも楽しみ！

Point レシピでは橙色の和柴をご紹介します。ねりき
り餡の色を変えることで、白和柴・黒和柴も同様に作るこ
とができます。

Point 向かって右側の豆柴を作るときは、耳の形を
シュナウザー（P.112）のようにして、目を羊羹にしましょう。

材料 1個分

本体

ねりきり餡（橙）… 22g

ねりきり餡（白）… 7g

小豆こし餡（中餡）… 12g

パーツ

ねりきり餡（黒／鼻）… 適量

ねりきり餡（白／眉）… 適量

ねりきり餡（橙／しっぽ）… 適量

炒りごま（黒／目）… 2粒

道具

・押し棒（箸頭に丸みのある箸でもOK）

・プラスドライバー

作り方

本体

1　ねりきり餡（橙）を軽く伸ばし、ねりきり餡（白）をはりぼかす（P.22）。

2　**1**で小豆こし餡（中餡）を包餡し、橙が上になるように丸く成形する。

3　左手で優しく回しながら、右手の指で生地を押し出し、頭と体の間のくびれを作る。

4　頭の白い部分を指でつまむように押し出し、鼻になるところを高くする。

5　押し棒で頭の上の部分を2カ所へこませ、指でつまんで先を尖らせて、耳の形を整える。

　Point　柴犬らしく耳をピンと尖らせましょう。

パーツ

6　ねりきり餡（黒）を小さく丸めて、鼻の部分につける。

7　炒りごま（黒）を縦につけて目にする。

8　ねりきり餡（白）を小さく丸めたものを2個作り、目の上につける。

　Point　白和柴は、竹串の後ろで眉になる部分をへこませましょう。

9　ねりきり餡（橙）でCの形を作り、しっぽにして、背中につける。

10　しっぽのつけねの下にプラスドライバーでおしりの穴の線を入れる。

4

9

パグ 【 難易度 ★★★ 】

春の光がやわらかく差す、この場所がお気に入り。
のんびりひなたぼっこをしていたら、なんだか眠くなってきたかも。
キュートな困り顔に引き込まれて、つい目と目があっちゃう!

Point レシピでは薄小豆色(右)のパグをご紹介します。ねりきり餡の色を薄キャラメル色に変えることで、左側のパクも同様に作ることができます。

材料 1個分

道具

本体

　ねりきり餡（薄小豆色）… 26g

　小豆こし餡（中餡）… 12g

パーツ

　ねりきり餡（濃いグレー／口元、耳、目元）… 適量

　ねりきり餡（黒／鼻）… 適量

　ねりきり餡（薄小豆色／しっぽ）… 適量

　羊羹（黒／目）… 2粒

・細工棒（**3**はアイスの棒、**5**は竹串でもOK）

作り方

本体

1 ねりきり餡（薄小豆色）で小豆こし餡（中餡）を包餡する。

2 左手で優しく回しながら、右手の指で生地を押し出し、頭と体の間のくびれを作る。

パーツ

3 ねりきり餡（濃いグレー）で半円を作り、口になる顔の下部分につけてなじませる。表面を細工棒で半円にへこませる。

3

4 ねりきり餡（濃いグレー）を小さな楕円形に丸めたものを2個作り、たれ目になるようにつけてなじませる。

5 細工棒で目の周りにぐるりと線を入れ、眉間にも2〜3本線を入れる。

　　Point しわの本数や長さは、お好みでOKです。

5

6 指先で鼻の下になるところに切り込みを入れて、口の部分をへこませ、口元がたれているように整える。

7 ねりきり餡（黒）を小さく丸めて鼻にし、鼻の下の切り込みの上につける。

8 ねりきり餡（薄小豆色）でバナナ形のしっぽを作り、背中の真ん中あたりにつける。

8

9 ねりきり餡（濃いグレー）で二等辺三角形を2個作り、目元の斜め上に耳としてつける。

10 羊羹（黒）を目元の中央より少し上につけて目にする。

とりたまシリーズ

ぴよたま 【 難易度 ★ 】

ゆるかわいい魅力が詰まったぴよたまは、春らしいたんぽぽ色。
丸いシルエットと丸い瞳は愛嬌たっぷり。今にもピヨピヨと賑やかな鳴き声が聞こえてきそうで、
食べてしまうのがもったいない！

材料 1個分

本体
　ねりきり餡（黄）… 29g
　小豆こし餡（中餡）… 12g

パーツ
　ねりきり餡（橙／口ばし）… 適量
　ねりきり餡（白／目）… 適量
　新引粉（黒／目）… 2粒

道具
・竹串

作り方

本体

1　ねりきり餡（黄）で小豆こし餡（中餡）を包餡する。両手の親指
　の腹で挟んで、転がしながら丸め、卵形に成形する。

　Point　指の跡が消え、腰高な形に整いやすくなります。

パーツ

2　ねりきり餡（橙）をラグビーボール形にし、端を平たくして口ば
　しにし、**1**につける。

3　竹串の先で、口ばしに鼻の穴を2個入れる。

4　ねりきり餡（白）を小さく丸めたものを2個作り、白目にし、鼻
　の斜め上につける。

　Point　目の間隔によって、表情が変わります。

5　白目の中央に新引粉（黒）を1粒ずつつけて、目にする。

2

とりたま 【 難易度★ 】

みずみずしい春の草を踏みながら、ちょこちょこ歩くとりたまたち。
きょとんとした表情は、なんともユーモラス。ちょこんとついた、とさかや口ばしも愛らしさ満点。
ぽってりとしたフォルムは、器の上でもきれいに映えます。

材料　1個分

本体

ねりきり餡（白）… 29g

小豆こし餡（中餡）… 12g

パーツ

ねりきり餡（橙／口ばし）… 適量

ねりきり餡（赤／とさか、にくひげ）… 適量

新引粉（黒／目）… 2粒

道具

・針切り箸（竹串でもOK）

・竹串

作り方

本体

1 ねりきり餡（白）で小豆こし餡（中餡）を包餡する。両手の親指の腹で挟んで、転がしながら丸め、卵形に成形する。

> **Point** 指の跡が消え、腰高な形に整いやすくなります。

パーツ

2 ねりきり餡（橙）で三角錐を作り、口ばしにし、**1**の正面を上下に3等分したときの上から⅓くらいの高さにつける。

3 ねりきり餡（赤）でしずく形を作って、にくひげ（あごの部分）にし、針切り箸で口ばしの下につける。

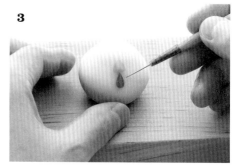

4 ねりきり餡（赤）で楕円形を作り、頭の上につける。竹串で2カ所をへこませてとさかにする。

> **Point** 右手を左手で支えるように添えると、右手の動きが安定します。

5 口ばしの斜め上に新引粉（黒）をつけて目にする。

6 竹串の先で口ばしに鼻の穴を2個入れる。

かものはし　【 難易度 ★★ 】

チャームポイントは黒い口ばし。その口ばしをつんと上に向けて、
水中でちょっとひと休み。
水かきのついた足で、明るく光る春の小川を優雅にスイスイ泳ぎます。

材料　1個分

本体

ねりきり餡（茶）… 22g

ねりきり餡（白）… 7g

小豆こし餡（中餡）… 12g

パーツ

ねりきり餡（黒／口ばし）… 適量

ねりきり餡（白／白目）… 適量

羊羹（黒／黒目）… 2粒

ねりきり餡（茶／尾羽）… 適量

道具

・針切り箸（竹串でもOK）

・竹串

作り方

本体

1 ねりきり餡（茶）を軽く伸ばし、ねりきり餡（白）を重ねて、はりぼかす。

2 1で小豆こし餡（中餡）を包餡し、白い方がお腹になるように卵形に整える。頭になる部分を指で押し出して少し細くする。

パーツ

3 ねりきり餡（黒）でビート板形を作り、口ばしにする。2の白と茶の境目のあたりにつける。

Point 口ばしのつけねを少し曲げ、体につける部分を厚めにすると安定します。

4 白い部分の下の方に2カ所、針切り箸で扇状に6本ずつ斜線を入れ、足にする。

5 ねりきり餡（茶）で口ばしよりひとまわり大きく長いビート板形を作り、尾羽にする。

6 竹串の先で、口ばしに鼻の穴を2個入れる。

7 ねりきり餡（白）を小さく丸めたものを2個作り、口ばしの斜め上につけて白目にする。

8 白目の中央に羊羹（黒）を1粒ずつつけて、目にする。

3

4

5

桜の花びら

【 難易度 ★★ 】

淡い桃色のねりきりで作る桜の花びらは、春を感じさせるモチーフ。

中央に金粉をあしらうと、ぐっと特別な雰囲気に。

向こうが透けるくらい薄く作るのが美しい仕上がりのコツです。

SPRING DECORATION

材料 作りやすい量

ねりきり餡（桃）… 5g
Point 乾くと色が薄くなってしまうので、
気持ち濃いめに色をつけましょう。

ねりきり餡（白）… 2g
金粉 … 適宜

道具

・麺棒
・さらし（あれば絹）
・桜の抜き型（あれば）
・押し棒（箸でもOK）
・クッキングシート

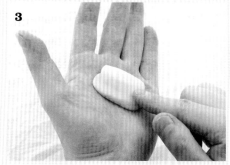

作り方

1 ねりきり餡（桃）を俵形にし、片側を押して軽く伸ばす。

2 ねりきり餡（白）も俵形にし、片面を押して軽く伸ばす。

3 **1**と**2**の伸ばした部分を重ねてはりぼかす。

  Point 境目を白から桃へ指で丁寧にぼかしていきましょう。

4 固く絞ったさらしに挟み、麺棒で数回に分けて薄く伸ばす。

  Point 一気に伸ばすとさらしにくっついてしまい、きれいにはがれなくなるので、伸ばすたびにさらしから一度生地を離し、少しずつ伸ばしていきましょう。

  Point 手が透けて見えるくらいの薄さを目指しましょう。ただし、薄くなると破れやすくなります。どうしても破れてしまうときは、寒梅粉（分量外）を少量もみ込むことで、乾燥後も強度を保つことができます。

5 クッキングシートにのせて、桜の抜き型で抜く。押し棒で花びらの中央をへこませ、反らせる。クッキングシートの上で乾燥させる。お好みで金粉を中央にのせる。

  Point 型がない場合は針切り箸などで切り抜いてもOKです。金粉をのせると、華やかな桜に仕上がります。

寒梅粉について

もち米を蒸してつき、餅にした後、これを焼いて粉末にしたものです。軽くてふわふわしており、水分を吸いやすいです。

日々と和菓子

和菓子職人として、どうしたらお客様にもっと喜んでいただけるか、そのことがいつも心にあります。昨日より今日、今日より明日、お客様によりよいものをお届けしたいという思いでいます。

季節の移ろい、街並み、ささやかなことでも素敵だなと感じること、自分の琴線に触れるものは、すべて和菓子のヒントになります。

ヒントといえば、片道に数時間はかかりますが、東京の講習会にも時間の許す限り参加します。すでに習得しているテーマでも、自分自身も日々変化しているからか、内容の受け止め方や感じ方、見方が変わり、毎回学ぶことがあります。
本も、和菓子のために、気になったものはどんどん読みます。和菓子に限らず、洋菓子やクラフトなど、ジャンルを問わず読みますし、図鑑や随筆なども読みます。

和菓子を思って感じたことが、少しずつ自分のなかで熟成され、機が熟すと、それが手を通して一気に和菓子に姿を変える。その和菓子をお客様にお届けできたときの深い喜び。そんなふうに和菓子は、いつも私の日々の中心にあります。

写真は、栃木県真岡市主催の和菓子体験の様子だよ。
真岡市内の小学校でも出前授業を行っている三宅さん。
和菓子を通した交流も大切にしているんだね。

第3章
涼やかな水辺でひと休み
夏
SUMMER

打ち水、うちわ、青すだれ。麦わら帽子をかぶって夏の海に出かけたら、
海のどうぶつたちが大集合。かわいいどうぶつねりきりは火を使わなくても作れるから、
夏のおやつにもぴったり。夏休みにご家族で手作りするのも、楽しいひととき。

水辺のどうぶつ大集合

しろくまから深海のメンダコまで、かわいい水辺のどうぶつたちが勢ぞろい。腰高で丸みのある形がとってもキュート。おいしくて笑顔になれる、夏のおやつにぴったりなお菓子です。

前列左から、メンダコ（P.60）、らっこ（P.56）、エイ（P.62）、しろくま（P.52）
後列左から、ぺんぎん（P.30）、あざらし（P.28）、ウーパールーパー（P.58）、いるか（P.54）

しろくま　【 難易度★★ 】

何か話したそうに見上げる表情にキュンとする、愛らしいしろくまたち。
夏の空の下、「暑いから氷で涼もうよ」なんて話していそう。それならばと、そばに氷を添えたら
ホッキョクグマらしくて魅力的。もし、青い琥珀糖（P.72）があれば、それも素敵！

材料　1個分

本体

ねりきり餡（白）… 28g

小豆こし餡（中餡）… 12g

パーツ

ねりきり餡（黒／鼻）… 適量

ねりきり餡（白／しっぽ）… 適量

炒りごま（黒／目）… 2粒

道具

・押し棒（箸頭に丸みのある箸でもOK）

・針切り箸（竹串でもOK）

作り方

本体

1　ねりきり餡（白）で小豆こし餡（中餡）を包餡する。

2　左手で優しく回しながら、右手の指で生地を押し出し、頭と体の間のくびれを作る。

3　くびれの少し上の鼻になるところを、指でつまむように押し出して高くする。

4　押し棒で頭の上の耳になる部分を2カ所へこませて、耳を作る。

パーツ

5　ねりきり餡（黒）を小さく楕円形に丸めて、針切り箸で鼻の部分につける。

6　炒りごま（黒）を縦につけて目にする。

7　ねりきり餡（白）を小さく丸めてしっぽを作り、背中の下の方につける。

4

5

いるか 【 難易度 ★★ 】

夏の陽光で輝きながら、波しぶきを立てて、青い海をスイスイ泳ぐ、
そんなシーンが思い浮かぶ、元気ないるかたち。
ときには、海面からひょっこり顔をのぞかせて、にっこりしてくれるかな。

材料 1個分

本体

ねりきり餡（水色）… 22g

ねりきり餡（白）… 7g

小豆こし餡（中餡）… 12g

パーツ

ねりきり餡（水色／背びれ）… 適量

ねりきり餡（赤／舌）… 適量

羊羹（黒／目）… 2粒

道具

・三角棒（かまぼこ板でもOK）

作り方

本体

1 ねりきり餡（水色）を軽く伸ばし、ねりきり餡（白）をはりぼかす。

2 1で小豆こし餡（中餡）を包餡し、卵形に成形する。

3 指で水色と白が重なる部分を三角に押し出して、口元を作る。

4 頭と反対側の足ひれになる部分を指で少しつまんで、平らにする。

5 4に三角棒で切り込みを入れ、足ひれにする。

Point 足ひれの作り方は、あざらし（P.28）の**3**～**4**と同じです。

6 3で三角に押し出した部分の、水色と白の間に三角棒で、横に切り込みを入れ、口にする。

パーツ

7 ねりきり餡（水色）で三角形を作り、背びれにし、背中にはりつける。

8 ねりきり餡（赤）を小さく丸め、口の中に入れて舌にする。

9 口元の斜め上に羊羹（黒）をつけて目にする。

3

6

7

らっこ 【 難易度★★ 】

暑い夏は海の中が一番！　とでもいうように、海面に仰向けに浮かぶらっこたち。
波にまかせて、ぷかぷかゆらり。なんとも愛嬌を感じるマイペースな姿。
食事どきは器用に動かす手を、今はほっぺにあてて笑っているよう。

材料 1個分

本体

ねりきり餡（茶）… 22g

ねりきり餡（白）… 7g

小豆こし餡（中餡）… 12g

パーツ

ねりきり餡（茶／手、しっぽ）… 適量

ねりきり餡（黒／鼻）… 適量

新引粉（黒／月）… 2粒

道具

・箸

・針切り箸（竹串でもOK）

作り方

本体

1 ねりきり餡（茶）を軽く伸ばし、ねりきり餡（白）を重ねて、はりぼかす。

2 1で小豆こし餡（中餡）を包餡する。

3 2の白い部分が顔になるように、左手で優しく回しながら、右手の指で生地を押し出し、白と茶の間に頭と体の間のくびれを作る。

4 顔の白い部分を軽くつまんで鼻先を作る。

Point 鼻先をツンとさせることで、かわいさアップ！

5 箸の先で頭の上の方を2カ所小さくへこませて、耳にする。

6 体の下の方に2カ所、針切り箸で扇状に6本ずつ斜線を入れ、足にする。

パーツ

7 ねりきり餡（茶）で、手を2個作り、体にはりつける。

8 ねりきり餡（黒）で小さな三角形を作り、針切り箸で鼻先につける。

9 ねりきり餡（茶）を細長く厚めに丸めてしっぽを作り、体の下につける。

10 針切り箸で手の先に2本線を入れて指にし、鼻の下に1本線を入れる。

11 新引粉（黒）をつけて目にする。

4

8

ウーパールーパー

【 難易度★ 】

「ウーパールーパー」という名前はニックネームで、正式な名前は「メキシコサンショウウオ」。
ゆらゆらと泳ぐ姿を眺めているだけで、夏の暑さを忘れる涼やかさ。
ねりきりでは、ひらひらと揺れるえらをちょこんとつけて、愛らしい顔に思い切りフォーカス!

(材料) 1個分　　　　　　　　　　　　　(道具)

本体

　ねりきり餡（淡い桃）… 28g

　小豆こし餡（中餡）… 12g

パーツ

　ねりきり餡（濃い桃／えら）… 適量

　新引粉（黒／目）… 2粒

・ブリキ板（ナイフでもOK）

・竹串

(作り方)

本体

1　ねりきり餡（淡い桃）で小豆こし餡（中餡）を包餡し、卵形に成形する。

2　指で卵形の細い方を三角に押し出して、尾ひれを作る。背中をつまんで、筋を入れる。

　　Point　背中から尾ひれの先につながるように筋を入れると、ウーパールーパーらしさがアップ！

パーツ

3　口の形に整えたブリキ板を差し込んで口にする。

　　Point　ブリキ板を差し込む角度によって、表情が変わります。小さめのナイフで口の形に切り込みを入れてもOK！

4　ねりきり餡（濃い桃）でえらを2個作り、体の左右につける。

　　Point　とりたま（P.44）の**4**と同様に、楕円形を作り、箸の先や竹串で2カ所へこませると、波形のえらに仕上がります。

5　竹串の先で、口の上に鼻の穴を2個入れる。

6　新引粉（黒）をつけて目にする。

2

3

メンダコ 【 難易度 ★ 】

　深海のアイドルと呼ばれるメンダコ。メンダコのチャームポイントは、
耳のような小さなひれと、スカートのような膜。ひれと膜をなびかせながら、ゆらりゆらゆら。
夏の日差しが届かない深い海で、優雅に泳ぐ姿に癒される!

本体

ねりきり餡（桃）… 28g

小豆こし餡（中餡）… 12g

パーツ

ねりきり餡（桃／ひれ）… 適量

羊羹（黒／目）… 2粒

・木のまな板（かまぼこ板でもOK）

作り方

本体

1 ねりきり餡（桃）で小豆こし餡（中餡）を包餡する。

2 木のまな板の上に置き、上から軽く押しつけて、丸みのある三角形に成形する。

3 親指の第一関節のあたりを三角形の底辺に押しつけて、等間隔に5カ所へこませる。

　Point　このへこみがゆらゆらゆれるスカートのような膜を演出します。

パーツ

4 ねりきり餡（桃）でポテトチップスのような形を2個作って、ひれにする。体の上の方につける。

5 正面を上下に3等分したときの上から⅓くらいの高さに羊羹（黒）をつけて目にする。

3

4

エイ 【 難易度 ★★ 】

まるで大空を飛ぶように、夏の海を優雅に泳ぐエイ。
笑っているように見える姿は、「一緒に泳ごう」と誘っているみたい。

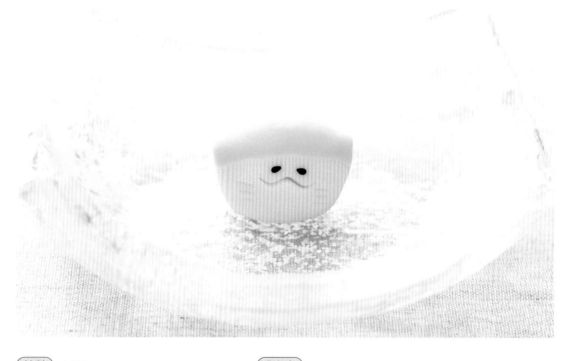

材料 1個分

本体

ねりきり餡（水色）… 16g

ねりきり餡（白）… 12g

小豆こし餡（中餡）… 12g

パーツ

ねりきり餡（水色／しっぽ）… 適量

炒りごま（黒／鼻の穴）… 2粒

道具

・細工棒（ナイフでもOK）

作り方

本体

1 ねりきり餡（水色）を軽く伸ばし、ねりきり餡（白）を重ねてはりぼかす。

2 1で小豆こし餡（中餡）を包餡し、手前側が白、背中側が水色になるようにして、エイの形に成形する。上の両端を少し尖らせる。

パーツ

3 ねりきり餡（水色）でしっぽを作り、体の後ろにつける。

4 細工棒で口の形に波線を入れ、口の斜め下の両端に3本ずつ斜線を入れて鰓孔にする。

5 炒りごま（黒）を八の字につけて鼻の穴にする。

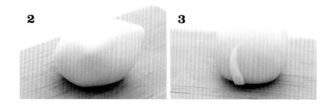

かっぱ 【 難易度 ★★ 】

頭の上にお皿をのせた、かわいいかっぱ。こんなにかわいいかっぱなら、
夏の川辺で出合ってみたいかも!?

材料 1個分

本体

ねりきり餡(緑) … 27g

小豆こし餡(中餡) … 12g

パーツ

ねりきり餡(橙/口ばし) … 適量

ねりきり餡(黄/皿) … 適量

羊羹(緑/皿の縁) … 適量

炒りごま(黒/目) … 2粒

道具

・竹串

・花形の抜き型(あれば)

・針切り箸(竹串でもOK)

作り方

本体

1 ねりきり餡(緑)で小豆こし餡(中餡)を包餡する。両手の親指の腹で挟んで、転がしながら丸め、卵形に成形する。

> **Point** ぴよたま(P.43)の**1**と同じイメージで成形しましょう。指の跡が消え、腰高な形に整いやすくなります。

パーツ

2 ねりきり餡(橙)をラグビーボール形にし、端を平たくして口ばしにし、**1**につける。

3 竹串の先で、口ばしに鼻の穴を2個入れる。

4 羊羹(緑)を薄くしたものを花形の型で抜き、頭の上にのせてかっぱのお皿の縁にする。

> **Point** ねりきり餡(緑)を薄く伸ばしたものを花形の型で抜いたり、指で花形に成形したりしてもOK。

5 ねりきり餡(黄)を**4**より小さな円盤形にし、**4**の上につける。

6 体の脇に、針切り箸で左右に4本ずつ斜線を入れ、手にする。

7 炒りごま(黒)を縦につけて、目にする。

ひつじ

【 難易度 ★★ 】

夏の陽光にきらめく草原で、お散歩中のひつじたち。
6月6日は「ひつじの日」なのだそう。小さな顔が、
モフモフの白い毛におおわれた姿がとってもチャーミング。

Point　ふるいの目の細かさの違いで、毛
の印象を変えられます。毛が太いものは、「き
んとんぶるい」を使っています。

材料 1個分	**道具**

本体

　小豆こし餡（中餡／やわらかめ）… 12g

パーツ

　ねりきり餡（黒／顔）… 3g

　ねりきり餡（白／毛／やわらかめ）… 27g

　ねりきり餡（白／白目）… 適量

　炒りごま（黒／黒目）… 2粒

　甘納豆（大納言／ツノ）… 1個

　＊甘納豆はクルミでもOKです。

道具

・ふるい（茶こしでもOK）

・先の細い箸

作り方

本体＆パーツ

1　ねりきり餡（白）をふるいに通してそぼろを作り、毛にする。

　　Point　ふるいをひっくり返し、下から上に向けて、ねりきり餡を押し出すと、ふるいの網の上にそぼろができます。箸で取りやすくなり、作業がしやすくなります。茶こしを使う場合は、P.15を参考に。

2　小豆こし餡（中餡）を手にのせ、**1**を箸で少しずつ取り、小豆こし餡（中餡）の下の方から上に向けてつけていく。

　　Point　そぼろを小豆こし餡（中餡）につけるときは、下からつけるときれいに仕上がります。

　　Point　手で長く持ちすぎると、手の熱でそぼろが溶けて、ふわふわ感がなくなります。慣れないうちは、小さな板や小皿に小豆こし餡（中餡）をのせて、そぼろをつけていくのもおすすめ。

3　小豆こし餡（中餡）の半分までそぼろをつけたら、ねりきり餡（黒）を長方形に成形して顔にし、**2**にのせる。顔はよけてそぼろを上までのせていく。

4　ねりきり餡（白）を小さく丸めたものを2個作り、目の場所につけて白目にする。

5　炒りごま（黒）を白目の上に横向きにつけて黒目にする。

6　甘納豆を半分に切り、断面が見えるように顔の斜め上の2カ所につけて、ツノにする。

あひる大集合

夏の池で、気持ちよさそうに水遊びをしているあひるたち。
足を投げ出して仰向けで水に浮かんだり、水の中をのぞいたり、
なんだかとっても自由。遊びつかれてお昼寝している子もいるみたい。

中央は、前向きあひる（P.68）、手前左から時計回りに、仰向けあひる（P.69）、
おやすみあひる（P.69）、あひるのおしり（P.71）、後ろ向きあひる（P.68）、ツインズあひる（P.70）

前向きあひる・後ろ向きあひる

【 難 易 度 ★ 】

材料　1個分

本体

ねりきり餡（白）… 26g

小豆こし餡（中餡）… 12g

パーツ

ねりきり餡（白／頭）… 3g

ねりきり餡（橙／口ばし）… 適量

炒りごま（黒／目）… 2粒

道具

・竹串

作り方

本体

1　ねりきり餡（白）で小豆こし餡（中餡）を包餡し、丸く成形する。

2　指で三角に押し出して、尾羽の部分を作る。

3　尾羽の反対側の頭をのせる部分にへこみを作る。

パーツ

4　ねりきり餡（白）を半球に成形して**3**にのせる。接着面を軽くなじませて、頭にする。

5　ねりきり餡（橙）で口ばしを作り、**4**の口の部分につける。

　　Point　口ばしをポテトチップスのように反らせると、よりあひるらしい口元に仕上がります。

　　Point　口ばしと目を後ろに向けてつけると、後ろ向きあひるになります。

6　竹串の先で、口ばしに鼻の穴を2個入れる。

7　炒りごま（黒）を縦につけて目にする。

5

仰向けあひる

【 難易度 ★★ 】

<table>
<tr><td>材料 1個分</td><td>作り方</td></tr>
</table>

材料 1個分

本体
ねりきり餡（白）… 28g
小豆こし餡（中餡）… 12g

パーツ
ねりきり餡（橙／口ばし、足）… 適量
炒りごま（黒／目）… 2粒

道具
・竹串
・三角棒（かまぼこ板でもOK）

作り方

本体

1 ねりきり餡（白）で小豆こし餡（中餡）を包餡する。卵形に成形し、先を少し細く整えて頭にする。

2 頭の反対側を指で三角に押し出して、尾羽の部分を作る。

パーツ

3 ねりきり餡（橙）で口ばしを作り、**1**の口の部分につける。

Point 前向きあひる（P.68）よりもスリムで小さめに作るのがコツです。

4 竹串の先で、口ばしに鼻の穴を2個入れる。

5 ねりきり餡（橙）で三角形を作り、三角棒で底辺を2カ所へこませて足にする。足を2個作り、体の真ん中あたりにつける。

Point 足の作り方は、ハムスター（P.34）の**10**と同じです。

6 炒りごま（黒）を縦につけて目にする。

おやすみあひる

【 難易度 ★★ 】

材料 1個分

本体
ねりきり餡（白）… 28g
小豆こし餡（中餡）… 12g

パーツ
ねりきり餡（橙／口ばし）… 適量
炒りごま（黒／目）… 1粒

道具
・竹串

作り方

本体

1 ねりきり餡（白）で小豆こし餡（中餡）を包餡する。卵形に成形し、先を少し細く整えて折り曲げ、頭にする。

パーツ

2 ねりきり餡（橙）で口ばしを作り、**1**の頭の先端につける。

3 竹串の先で、口ばしのつけねに鼻の穴を1個入れる。

4 炒りごま（黒）を横につけて目にする。

ツインズあひる

【 難易度 ★★★ 】

材料 1個分

本体

ねりきり餡（白）… 14g　2個

小豆こし餡（中餡）… 7g　2個

パーツ

ねりきり餡（橙／口ばし）… 適量

新引粉（黒／目）… 4粒

道具

・竹串

作り方

本体

1 ねりきり餡（白）で小豆こし餡（中餡）を包餡する。
卵形に成形し、先を細く整える。

　　Point　サンタさんのプレゼント袋のような形を目指しましょう。

2 尾羽の部分を指でつまんで尖らせる。同じもの
をもうひとつ作る。

3 2羽の首が重なるように組み合わせる。

　　Point　右のアヒルの頭が手前に、左のアヒルの頭が奥
になるように組み合わせましょう。2羽が密着する面積が大
きいほどに、一体感がでます。

パーツ

4 ねりきり餡（橙）で口ばしを作り、**2**の頭の先にそ
れぞれつける。

　　Point　仰向けあひる（P.69）よりもさらに小さめに作るの
がコツです。

5 竹串の先で、口ばしに鼻の穴を1羽につき2個
ずつ入れる。

6 新引粉（黒）を1羽につき2粒ずつつけて、目に
する。

1

3

あひるのおしり

【 難易度 ★★ 】

（材料）　1個分

本体

　ねりきり餡（白）… 29g

　小豆こし餡（中餡）… 12g

パーツ

　ねりきり餡（橙／足）… 適量

（道具）

・プラスドライバー

・三角棒（かまぼこ板でもOK）

（作り方）

本体

1　ねりきり餡（白）で小豆こし餡（中餡）を包餡し、丸く成形する。

2　上の部分を指で三角に押し出して、尾羽の部分を作る。

　　Point　中華まんのような形を目指しましょう。

パーツ

3　プラスドライバーでおしりの穴の線を入れる。

4　ねりきり餡（橙）で三角形を作り、三角棒で底辺を2カ所へこませて足にする。足を2個作り、おしりの穴の斜め下につける。

　　Point　足の作り方は、ハムスター（P.34）の**10**と同じです。

3

琥珀糖

【 難易度 ★★ 】

寒天で作る琥珀糖は南極の氷山などに見立てて使用します。
ぺんぎんやしろくまと一緒に器に盛りつけると、雰囲気がぐっとアップ。
さっぱりとした甘さなので、琥珀糖だけを作って食べるのもおすすめです。

SUMMER DECORATION

Point　お好みで果汁やリキュールを20〜30g
加えれば、風味豊かに仕上がります。果汁やリ
キュールを加える場合は、その分材料の水の分量
を減らしましょう。

(材料) 18×18×5cmのステンレス製の羊羹舟1個分

水 … 230g

Point 必ず水を使いましょう。お湯は使わないこと。

粉寒天 … 6g

白ザラメ … 390g

Point 白ザラメを使うと甘すぎずさっぱりとした味わいに！

粉末食用色素（青）… 適量

食品用アルコール … 適量

サラダ油 … 適宜

Point 粉末食用色素を変えることで、緑色や桃色の琥珀糖も同様に作ることができます。色をつけない場合は、白色の琥珀糖に仕上がります。粉末食用色素の水溶き方法はP.18に詳しい説明があります。

(道具)

・鍋
・木ベラ
・キッチンペーパー
・羊羹舟
・クッキングシート

(作り方)

1 鍋に分量の水と粉寒天を入れる。木ベラでゆっくり混ぜながら中火にかける。

2 沸騰したら手早く白ザラメを加えて溶かし、再び沸騰したら火を止める。

3 水溶きした粉末食用色素（青）を加えて、色をつける。

4 火気のないところで、寒天液の表面に食品用アルコールを吹きかけ、表面の泡を消す。

5 羊羹舟に**4**を流し、表面にキッチンペーパーを静かに重ね、すぐに外して、表面のアクを取り除く。

Point 容器に琥珀糖がくっつきそうなときは、事前に容器にサラダ油を薄く塗っておきましょう。

Point 羊羹舟がない場合は、浅めの容器で代用できます。

6 冷蔵庫で2～3時間ほど冷やし固める。

7 クッキングシートの上に**6**を取り出し、包丁で氷の形に切り分ける。

8 別のクッキングシートの上に**7**を並べ、風通しのよい場所で3～7日乾燥させる。

Point 場所や季節によって乾燥させる時間は変わります。様子を見ながら調整してください。

5

7

器と向き合う時間

私は器が好きで、よく見に出かけます。真岡市の隣は益子町。車で1時間ほど走ると、茨城県の笠間市があり、どちらも古くから栃木県で栄える歴史ある焼き物の街です。器と向き合う時間が心地よくて、つい足が向き、陶器市だけでなく、個展やギャラリーに足を運ぶことも少なくありません。作家さんと直接お話をさせていただきながら、器への思いを伺うと、和菓子のイメージが湧いて、和菓子作りへのモチベーションが上がります。

ちなみに、この本で、「癒しのねりきり」を盛りつけている器のほとんどは、私がひとつひとつ足を運んで、少しずつ集めたものです。器との出会いは一期一会ですので、心に響いた器はできるだけ買い求めるようにしています。

a 器の端にある水玉模様のような絵柄には、色がたくさん使われているのに、シンプルな印象。和菓子を盛りつけると、その絵柄が実によいアクセントになります。中林由香梨さんの作品です。

b 年輪のようにも、波紋のようにも見える模様が美しい器です。高さがあるので、和菓子を盛りつけると、まるでスポットライトを当てたような華やかさに。益子の窯元つかもとさんの作品です。

c 黒い器は、金属に見えますが、土から作られています。複雑な模様は、手作業で絞り出してから、削り出してできたもの。益子の伊藤剛俊さんの作品です。縁に繊細な模様が彫り込まれた白い器も、伊藤さんによるもの。どちらも和菓子が美しく映えます。

d 中央の銀彩が器を引き締めていて、その周りにモノトーンで葉が描かれています。和菓子を盛りつけると、その葉が季節によって新緑にも、落ち葉にも見えてくるから不思議です。笠間の「回廊ギャラリー門」で出合った川口聡一さんの作品です。

e 気泡の入り方が美しくて、水をそのまま形にしたようなみずみずしい器です。エナメル顔料で描く金魚は、繊細で涼やか。器に厚みがあり、和菓子を盛りつけると安定感があります。松尾具美さんの作品です。

f 火山から出てきたような力強さのある器です。丸みがあり高さがあるので、漆黒を背景に和菓子がよく引き立ちます。益子の宮島將實さんの作品です。

g 花びらの形を感じる洗練されたやわらかなラインと、気持ちをほっとさせる淡い色合いが美しい益子の磁器です。えきのり子さんの作品です。

h きらめくような輝きをまとった表情豊かな器です。盛りつける和菓子がより美しく見え、小さなお菓子も引き立ちます。ガラス作家サブロウさんの作品です。

i まるで鉄をちぎったような形と色合いが、なんともいえないよい表情を出しています。わずかに輝きがあるので、夏の夜空のイメージで和菓子を盛りつけています。宇田直人さんの作品です。

j 釉薬が描き出す表情が美しく、アンティークのような趣があるので、いつまでも見ていたくなる器です。満月に見立てて使うこともあります。益子の吉田丈さんの作品です。

第 4 章
夕暮れにあたたかく映える
秋
AUTUMN

十五夜、ハロウィン、紅葉狩り。秋の深まりとともに空気が澄んで、

月が明るく見える季節です。実りの秋を迎えて、くいしんぼうのどうぶつたちも大満足。

心待ちにしていたイベントを、かわいいねりきりで彩るのはいかがですか。

うさぎ 【 難易度 ★★ 】

秋の日の十五夜は、一年で一番美しい月を愛でる日。
月でお餅をついているといわれるうさぎも、今夜は一緒にお月見です。
大きな耳とふわふわのしっぽで、今にも伸びやかに輝く月まで飛び跳ねそう。

材料 1個分

本体

　ねりきり餡（白）… 21g

　ねりきり餡（桃）… 7g

　小豆こし餡（中餡）… 12g

パーツ

　ねりきり餡（白／しっぽ）… 適量

　羊羹（赤／目）… 2粒

道具

・押し棒（箸頭に丸みのある箸でもOK）

作り方

本体

1　ねりきり餡（白）を軽く伸ばし、ねりきり餡（桃）を重ねて、三部ぼかし（P.23）をする。

2　**1**で小豆こし餡（中餡）を包餡し、桃色の部分が上になるように、卵形に成形する。左手で優しく回しながら、右手の指で生地を押し出し、頭と体の間に浅いくびれを作る。

3　鼻になる部分を指で押し出して、細く尖らせる。

4　押し棒でうさぎの耳の部分を2カ所長くへこませる。

　Point　押し棒でへこませたところから、三部ぼかしで重ねた桃色を見せると、ぐっとうさぎの耳らしくなります。

パーツ

5　羊羹（赤）をつけて目にする。

　Point　目はチョコスプレー（赤）や炒りごま（黒）でもOKです。

6　ねりきり餡（白）を小さく丸めてしっぽを作り、おしりにつける。

3

4

ミミズク 【 難易度 ★★ 】

ミミズクはフクロウの仲間。首がよく回り、視力がよいので見通しがよいとされ、
縁起のよい鳥といわれています。耳のように見えるのは羽。丸みを帯びたフォルムは、
深まる秋の森によく映えて、たくさん福を呼び込んでくれそう。

Point レシピでは茶色のミミズクをご紹介
します。グレーのミミズクも、ねりきり餡の色
を変えることで、同様に作ることができます。

材料 1個分

本体
　ねりきり餡（小豆色）… 25g
　小豆こし餡（中餡）… 12g
パーツ
　ねりきり餡（白／腹部、白目）… 3g
　ねりきり餡（黄／口ばし）… 適量
　羊羹（黒／黒目）… 2粒

道具
・押し棒（箸頭に丸みのある箸でもOK）
・針切り箸（竹串でもOK）
・細工ヘラ（ナイフの先でもOK）

作り方

本体

1 ねりきり餡（小豆色）で小豆こし餡（中餡）を包餡し、卵形に成形する。

パーツ

2 ねりきり餡（白）を薄く円形に伸ばし、**1**のお腹になる部分にはりつけてなじませる。

3 指で生地をつまむようにして引っぱり出し、耳（羽）を作る。反対側の耳（羽）も同様に作る。

4 押し棒で目の部分にへこみを作る。

5 ねりきり餡（白）を小さく丸めたものを2個作り、針切り箸で目の場所につけて軽く押さえ、白目にする。

6 細工ヘラの先でお腹の模様をつける。

　Point ナイフの先端を押しつけても表現できます。「福」の字のスタンプを押してもキュート！

7 ねりきり餡（黄）で四角錐状の口ばしを作り、口の場所につける。

　Point 小豆色と白色の境目につけるとバランスがよくなります。

8 両方の白目の上に羊羹（黒）をつけて黒目にする。

　Point 他のどうぶつよりも羊羹を大きめに作るとミミズクらしさがアップします。

2

3

5

6

ナマケモノ 【 難易度 ★★ 】

いつも微笑んでいるような秋色のナマケモノ。その動きは、実にのんびりゆったり。
今日は森に咲いていたかわいい花をプレゼント。贈る側も、贈られる側も、
なんだかとっても嬉しくなって、お互いににっこり。

Point レシピでは小豆色のナマケモノをご
紹介します。グレーのナマケモノもねりきり餡の
色を変えることで、同様に作ることができます。

材料 1個分

本体

ねりきり餡（小豆色）… 26g

小豆こし餡（中餡）… 12g

パーツ

ねりきり餡（白／顔の輪郭）… 2g

ねりきり餡（小豆色／腕）… 適量

ねりきり餡（グレー／目の周り）… 適量

ねりきり餡（黒／鼻）… 適量

新引粉（黒／目）… 2粒

エディブルフラワー（生花タイプ）… 適宜

作り方

本体

1 ねりきり餡（小豆色）で小豆こし餡（中餡）を包餡する。左手で優しく回しながら、右手の指で生地を押し出し、頭と体の間に、浅いくびれを作る。

パーツ

2 ねりきり餡（白）を楕円形に薄く伸ばし、顔になる部分になじませる。鼻になる部分を指で押し出して高くする。

2

3 ねりきり餡（小豆色）で細長い腕を作り、頭の下の部分にはりつける。エディブルフラワーを持たせる場合はこのタイミングでつける。

3

4 ねりきり餡（グレー）を細長く丸めたものを2個作り、目の部分に斜めにはりつける。

5 ねりきり餡（黒）を小さく丸めて鼻にし、鼻の先につける。

6 両目のまわりの模様の上の方に1粒ずつ新引粉（黒）をつけて目にする。

ハロウィンかぼちゃ大集合

秋のイベント、ハロウィンの定番装飾といえば、おばけの顔をしたかぼちゃのロウソク立て。
ねりきりで作るランタンはおいしくて怖くないのが魅力。顔の部分をこの本に登場する、
あざらしやシマエナガなどにした、キュートなランタンも楽しんで！

中央は、ダックオーランタン（P.85）、手前左から時
計回りに、シマッタオーランタン（P.87）、ジャックオー
ランタン（P.84）、ジャックオーぺんぺん（P.87）、
まったりオーランタン（P.86）、こっこオーランタン
（P.86）、ゴロゴロキューランタン（P.85）

ジャックオーランタン

【 難易度 ★ 】

材料 1個分

本体

　ねりきり餡（橙）… 28g

　小豆こし餡（中餡）… 12g

パーツ

　羊羹（小豆色／目、口）… 適量

　パンプキンシード（ヘタ）… 1粒

道具

・押し棒（側面に丸みのある箸でもOK）

・三角棒（かまぼこ板でもOK）

作り方

本体

1 ねりきり餡（橙）で小豆こし餡（中餡）を包餡し、丸く成形する。

2 手前はよけて押し棒を押しつけ、縦に5本、均等に筋を入れる。

　　Point 球を6等分するイメージで等分し、手前の1本だけは線を入れないようにすると均等になります。

3 三角棒の角で目の部分に、三角形の穴を2個あける。

　　Point 小さめのナイフで目の形に切り込みを入れてもOK！　かまぼこ板の角でも三角形の穴があけられます。

4 目の下に三角棒で横に長く線を入れ、その線に対して垂直に縦の短い線を均等に入れて、口にする。

　　Point 羊羹（小豆色）を抜き型で抜いて目と口を作り、はりつけてもかわいいです。

パーツ

5 パンプキンシードを上に半分ほど埋め込んで、かぼちゃのヘタに見立てる。

ゴロゴロキューランタン（あざらし） 【 難易度 ★★★ 】

材料 1個分

本体

ねりきり餡（橙）… 25g

小豆こし餡（中餡）… 12g

パーツ

ねりきり餡（白／顔）… 3g

ねりきり餡（白／口元のふくらみ）… 適量

新引粉（黒／鼻）… 1粒

炒りごま（黒／目）… 2粒

パンプキンシード（ヘタ）… 1粒

道具

・押し棒（側面に丸みのある箸でもOK）

・竹串

・針切り箸（竹串でもOK）

作り方

本体

1 ねりきり餡（橙）で小豆こし餡（中餡）を包餡し、丸く成形する。

2 手前はよけて押し棒を押しつけ、縦に5本、均等に筋を入れる。

3 筋を入れていない手前部分の中央を指で丸くへこませる。

パーツ

4 ねりきり餡（白／顔）を球状に成形し、**3**のへこみにはめ込む。

5 あざらし（P.28）の**5〜9**と同様に顔を作る。

6 パンプキンシードをかぼちゃの上に埋め込んでヘタにする。

4

ダックオーランタン（あひる） 【 難易度 ★★ 】

材料 1個分

本体

ねりきり餡（橙）… 25g

小豆こし餡（中餡）… 12g

パーツ

ねりきり餡（白／顔）… 3g

ねりきり餡（橙／口ばし）… 適量

炒りごま（黒／目）… 2粒

パンプキンシード（ヘタ）… 1粒

道具

・押し棒（側面に丸みのある箸でもOK）

・竹串

作り方

本体

1 ねりきり餡（橙）で小豆こし餡（中餡）を包餡し、丸く成形する。

2 手前はよけて押し棒を押しつけ、縦に5本、均等に筋を入れる。

3 筋を入れていない手前部分の中央を指で丸くへこませる。

パーツ

4 ねりきり餡（白／顔）を球状に成形し、**3**のへこみにはめ込む。

5 前向きあひる（P.68）の**5〜7**と同様に顔を作る。

6 パンプキンシードをかぼちゃの上に埋め込んでヘタにする。

こっこオーランタン（にわとり）　【 難易度 ★★ 】

材料 1個分

本体

ねりきり餡（橙）… 25g

小豆こし餡（中餡）… 12g

パーツ

ねりきり餡（白／顔）… 3g

ねりきり餡（橙／口ばし）… 適量
＊（黄）でもOKです。

ねりきり餡（赤／とさか、にくひげ）
　　… 適量

新引粉（黒／目）… 2粒

パンプキンシード（ヘタ）… 1粒

道具

・押し棒（側面に丸みのある箸でもOK）

作り方

本体

1 ねりきり餡（橙）で小豆こし餡（中餡）を包餡し、丸く成形する。

2 手前はよけて押し棒を押しつけ、縦に5本、均等に筋を入れる。

3 筋を入れていない手前部分の中央を指で丸くへこませる。

パーツ

4 ねりきり餡（白／顔）を球状に成形し、**3**のへこみにはめ込む。

5 ねりきり餡（橙）で三角錐を作り、口ばしにし、**4**の口の部分につける。

　Point　とりたま（P.44）の顔の作り方も参考に。

6 ねりきり餡（赤）でしずく形を作って、にくひげ（あごの部分）にし、口ばしの下につける。

7 ねりきり餡（赤）で小さな三角形を作り、とさかにし、頭の上の橙との境目につける。

8 新引粉（黒）をつけて目にする。

9 パンプキンシードをかぼちゃの上に埋め込んでヘタにする。

まったりオーランタン（ナマケモノ）　【 難易度 ★★★ 】

材料 1個分

本体

ねりきり餡（橙）… 25g

小豆こし餡（中餡）… 12g

パーツ

ねりきり餡（白／顔）… 3g

ねりきり餡（グレー／目の周り）
　　… 適量

ねりきり餡（黒／鼻）… 適量

新引粉（黒／目）… 2粒

パンプキンシード（ヘタ）… 1粒

道具

・押し棒（側面に丸みのある箸でもOK）

作り方

本体

1 ねりきり餡（橙）で小豆こし餡（中餡）を包餡し、丸く成形する。

2 手前はよけて押し棒を押しつけ、縦に5本、均等に筋を入れる。

3 筋を入れていない手前部分の中央を指で丸くへこませる。

パーツ

4 ねりきり餡（白／顔）を球状に成形し、**3**のへこみにはめ込む。

5 ねりきり餡（グレー）を小さく丸めたものを2個作り、目の部分に斜めにはりつける。

　Point　ナマケモノ（P.80）の顔の作り方も参考に。

6 ねりきり餡（黒）を小さく丸めて鼻にし、顔の中央につける。

7 新引粉（黒）をつけて目にする。

8 パンプキンシードをかぼちゃの上に埋め込んでヘタにする。

ジャックオーぺんぺん（ぺんぎん）　【 難易度 ★★★ 】

材料　1個分

本体
- ねりきり餡（橙）… 25g
- 小豆こし餡（中餡）… 12g

パーツ
- ねりきり餡（黒／顔）… 3g
- ねりきり餡（白／顔）… 適量
- ねりきり餡（黒／口ばし）… 適量
- 炒りごま（黒／目）… 2粒
- パンプキンシード（ヘタ）… 1粒

道具
- 押し棒（側面に丸みのある箸でもOK）
- 箸

作り方

本体

1　ねりきり餡（橙）で小豆こし餡（中餡）を包餡し、丸く成形する。

2　手前はよけて押し棒を押しつけ、縦に5本、均等に筋を入れる。

3　筋を入れていない手前部分の中央を指で丸くへこませる。

パーツ

4　ねりきり餡（黒／顔）を球状に成形する。

5　ねりきり餡（白）を薄い楕円形に成形し、箸の先で中央をへこませ、4にはりつけてなじませる。

　Point　ぺんぎん（P.30）の顔の作り方も参考に。

6　5を顔の模様が見えるように3のへこみにはめこむ。

7　ねりきり餡（黒）で三角錐を作って口ばしにし、6の口の部分につける。

8　炒りごま（黒）を縦につけて目にする。

　Point　炒りごま（黒）を横につけると寝顔になります。

9　パンプキンシードをかぼちゃの上に埋め込んでヘタにする。

シマッタオーランタン（シマエナガ）　【 難易度 ★★ 】

材料　1個分

本体
- ねりきり餡（橙）… 25g
- 小豆こし餡（中餡）… 12g

パーツ
- ねりきり餡（白／顔）… 3g
- ねりきり餡（黒／口ばし）… 適量
- 新引粉（黒／目）… 2粒
- パンプキンシード（ヘタ）… 1粒

道具
- 押し棒（側面に丸みのある箸でもOK）

作り方

本体

1　ねりきり餡（橙）で小豆こし餡（中餡）を包餡し、丸く成形する。

2　手前はよけて押し棒を押しつけ、縦に5本、均等に筋を入れる。

3　筋を入れていない手前部分の中央を指で丸くへこませる。

パーツ

4　ねりきり餡（白／顔）を球状に成形し、3のへこみにはめ込む。

5　ねりきり餡（黒）で小さな三角錐を作り口ばしにし、4の口の部分につける。

　Point　シマエナガ（P.108）の顔の作り方も参考に。

6　新引粉（黒）をつけて目にする。

7　パンプキンシードをかぼちゃの上に埋め込んでヘタにする。

ハリネズミ

【 難易度 ★★★ 】

秋の森をかけまわる、かわいいハリネズミたち。とげとげのハリとは裏腹に、
あどけないつぶらな瞳を見ていると、それだけで気分はほっこり。
ねりきりのハリネズミは、やわらかくてみずみずしいきんとん製。口どけのよさもご堪能あれ!

材料 1個分

本体

小豆こし餡（中餡／やわらかめ）… 12g

パーツ

ねりきり餡（白／顔）… 2g

ねりきり餡（小豆色／ハリ／やわらかめ）… 28g

ねりきり餡（黒／鼻）… 適量

ねりきり餡（白／耳）… 適量

羊羹（黒／目）… 2粒

道具

・ふるい（茶こしでもOK）

・先の細い箸

・押し棒（箸頭に丸みのある箸でもOK）

作り方

本体＆パーツ

1 ねりきり餡（白／顔）を薄く広げて、小豆こし餡（中餡）にのせて、写真**1**のように鼻になる部分をつまんで尖らせ、顔にする。

　Point 作りにくい場合は、先に鼻の部分を尖らせてもOKです。

2 ねりきり餡（小豆色）をふるいに通し、そぼろを作って、ハリにする。

　Point ふるいをひっくり返し、下から上に向けて、ねりきり餡を押し出すと、ふるいの網の上にそぼろができます。箸で取りやすくなり、作業がしやすくなります。茶こしを使う場合は、P.15を参考に。

3 **2**を箸で**1**の下の方から上に向けて少しずつのせて顔以外をうめる。

　Point そぼろを小豆こし餡（中餡）につけるときは、下からつけるときれいに仕上がります。

　Point ねりきり餡が乾燥すると、小豆こし餡（中餡）につかなくなるので、手早くつけることが大切です。

4 ねりきり餡（黒）を小さく丸めて鼻にし、顔の尖らせた先につける。

5 羊羹（黒）をつけて目にする。

　Point 羊羹が光って潤んだ瞳になります。

6 ねりきり餡（白／耳）をしずく形に成形し、押し棒で真ん中を少しへこませて耳にする。2個作り、目の上のハリと顔の境目につける。

1

3

NG!

手で長く持ちすぎると、手の熱でそぼろが溶けて、ふわふわ感がなくなります。慣れないうちは、小さな板や小皿に小豆こし餡（中餡）をのせて、そぼろをつけていくのもおすすめです。

トイプードル 【 難易度 ★★★ 】

色づいた紅葉の中をかけまわるトイプードルは、まるでぬいぐるみのよう。
きらきらした大きな黒目は羊羹の輝き。全身を秋色のそぼろに包まれて、
ふわふわの巻き毛を再現。かわいすぎて食べられないかも!?

1

（材料）　1個分

本体

　　小豆こし餡（中餡／やわらかめ）… 12g

パーツ

　　ねりきり餡（小豆色／毛、口元、耳、しっぽ／やわらかめ）

　　　… 29g

　　ねりきり餡（黒／鼻）… 適量

　　羊羹（黒／目）… 2粒

（道具）

・ふるい（茶こしでもOK）

・先の細い箸

3

4

（作り方）

本体

1　小豆こし餡（中餡）をオカリナ形に成形する。

　　　Point　上の尖った部分がプードルの頭になります。

パーツ

2　ねりきり餡（小豆色）をふるいに通し、そぼろを作って
　　　毛にする。

　　　Point　ふるいをひっくり返し、下から上に向けて、ねりきり餡
　　　を押し出すと、ふるいの網の上にそぼろができます。箸で取り
　　　やすくなり、作業がしやすくなります。茶こしを使う場合は、P.15
　　　を参考に。

3　**2**を箸で**1**の下の方から上に向けて少しずつのせて
　　　いく。

　　　Point　まずは小豆こし餡（中餡）を手に取って底にそぼろを
　　　つけます。その後は小さな板や小皿に置いて、トイプードルの
　　　形をイメージしながら、そぼろをのせていきましょう。

　　　Point　ねりきり餡が乾燥すると、小豆こし餡（中餡）につかな
　　　くなるので、手早くつけることが大切です。

4　全体にそぼろがついたら、さらにそぼろを箸で少
　　　量とり、指でそっとつまんで丸く整え、潰さないよう
　　　に注意して、頭と体の境目に口元としてつける。

5　**4**と同様に、楕円形に整えたそぼろを、顔の横側
　　　に耳としてつける。もう片方の耳も同様にする。

6　**4**と同様に、丸く整えたそぼろを、背中にしっぽとし
　　　てつける。

7　ねりきり餡（黒）を小さく丸めて鼻にし、口元の上の
　　　方につける。

8　羊羹（黒）をつけて目にする。

ビションフリーゼに
アレンジ！

ビションフリーゼ

Point　ねりきり餡の色を白にして、頭の
毛をふんわり大きくすると、ビションフリー
ゼらしくなります。

ハシビロコウ 【 難易度 ★★★ 】

「動かない鳥」として知られているけれど、もしかしたら、
にらめっこがしたいだけなのかも!?　つぶらな瞳と大きな口ばしがチャームポイント。
寝ぐせのような冠羽も愛嬌たっぷり。

（材料） 1個分

本体

　ねりきり餡（青）… 27g

　小豆こし餡（中餡）… 12g

パーツ

　ねりきり餡（橙／口ばし）… 適量

　ねりきり餡（白／白目）… 適量

　羊羹（黒／黒目）… 2粒

（道具）

・押し棒（箸頭に丸みのある箸でもOK）

・三角棒（かまぼこ板でもOK）

・竹串

（作り方）

本体

1　ねりきり餡（青）で、小豆こし餡（中餡）を包餡する。

2　左手で優しく回しながら、右手の指で生地を押し出し、眉の部分を盛り上げる。

　　　Point　この工程を丁寧に作るとハシビロコウに近づきます。

3　頭の後ろをつまんで尖らせて冠羽にする。

4　指で頭頂部を平らにする。

5　押し棒の細い部分を、眉間に押しつけてへこませる。

6　目の部分に押し棒の太い部分を押しつけて、へこませる。

7　冠羽の部分に三角棒で2カ所に切り込みを入れて、ふさふさの冠羽にする。

パーツ

8　ねりきり餡（橙）で完成写真のように大きな口ばしを作り、目の部分のすぐ下につける。

9　竹串の先で、口ばしに鼻の穴を2個入れる。

10　ねりきり餡（白）を小さく丸めて白目を2個作り、目のへこませたところにつける。

11　羊羹（黒）を白目の中央につけて、黒目にする。

4
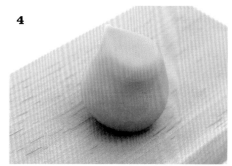

6

7
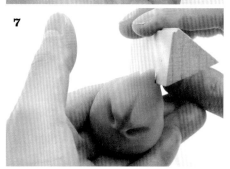

インコ大集合

秋を迎えて、かわいさ満点の色とりどりのインコたち。
器にちょこんと盛りつけたら、ピヨピヨと今にもさえずりが聞こえてきそう。
どの子もつぶらな瞳がとってもキュート。物まね上手な子もいるかな？

前列左から、セキセイインコ（オパーリン）（P.97）、オカメインコ（P.96）、
アキクサインコ（アキクサピンク）（P.97）、コザクラインコ（P.97）、
後列左から、セキセイインコ（ノーマル）、セキセイインコ（ライラック）、セキセイインコ（レインボー）、コマドリ（P.97）

オカメインコ

【 難易度 ★★ 】

（材料） 1個分

本体

ねりきり餡（黄）… 22g

ねりきり餡（白）… 7g

小豆こし餡（中餡）… 12g

パーツ

ねりきり餡（桃／口ばし）… 適量

ねりきり餡（赤／チークパッチ）… 適量

新引粉（白／ろう膜）… 2粒

新引粉（黒／目）… 2粒

（道具）

• ハサミ（針切り箸でもOK）

（作り方）

本体

1　ねりきり餡（黄）を軽く伸ばし、ねりきり餡（白）を重ねて、はりぼかす。

2　1で小豆こし餡（中餡）を包餡し、黄色の部分が上に、白い部分が手前になるように、丸く成形する。

　　Point　ベースはぴよたま（P.43）の形を意識して。

パーツ

3　ねりきり餡（桃）で写真3のような四角錐を作り、口ばしにし、口の場所につける。

　　Point　ねりきり餡の黄と白の境界線上につけるとバランスがよくなります。

4　ハサミで頭の上部に、後ろから少し切り込みを入れ、冠羽を作る。

5　新引粉（白）を口ばしの上につけて、ろう膜にする。

6　新引粉（黒）をつけて目にする。

7　ねりきり餡（赤）を小さく丸めたものを2個作り、ほおにつけてチークパッチにする。

3

4

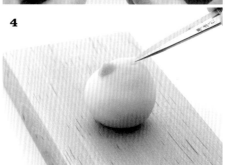

セキセイインコ

【 難易度 ★★ 】

Point　ねりきり餡の色を変えることで、好みの色のセキセイインコを作ることができます。

（材料）1個分

本体

ねりきり餡（淡い水色）… 22g

ねりきり餡（白）… 7g

小豆こし餡（中餡）… 12g

パーツ

ねりきり餡（黄／口ばし）… 適量

新引粉（水色／ろう膜）… 2粒

新引粉（黒／目）… 2粒

ねりきり餡（濃い水色／チークパッチ）… 適量

（作り方）

本体

1　ねりきり餡（淡い水色）を軽く伸ばし、ねりきり餡（白）を重ねて、はりぼかす。

2　**1**で小豆こし餡（中餡）を包餡し、白い部分が上になるように、丸く成形する。

パーツ

3　ねりきり餡（黄）で四角錐を作り、口ばしにし、口の場所につける。

　　Point　ねりきり餡の白と水色の境界線の上につけるとバランスがよくなります。

4　新引粉（水色）を口ばしの上につけて、ろう膜にする。

5　新引粉（黒）をつけて目にする。

6　ねりきり餡（濃い水色）を小さなしずく形にしたものを2個作り、ほおにつけてチークパッチにする。

アキクサインコ

【 難易度 ★★ 】

Point　ねりきり餡の色を変えることで、コザクラインコも同様に作ることができます。色を変え、口ばしをぺんぎん（P.30）と同じにするとコマドリになります。

（材料）1個分

本体

ねりきり餡（濃い桃）… 22g

ねりきり餡（淡い桃）… 7g

ねりきり餡（白）… 1g

小豆こし餡（中餡）… 12g

パーツ

ねりきり餡（黄／口ばし）… 適量

新引粉（黒／目）… 2粒

（作り方）

本体

1　ねりきり餡（濃い桃）を軽く伸ばし、ねりきり餡（淡い桃）を重ねて、はりぼかす。

2　濃い桃と淡い桃の境目に、ねりきり餡（白）を重ねて、さらにはりぼかす。

3　**2**で小豆こし餡（中餡）を包餡し、白い部分が目の部分になるように、丸く成形する。

パーツ

4　ねりきり餡（黄）で四角錐を作り、口ばしにし、口の場所につける。

5　新引粉（黒）をつけて目にする。

紅葉の羊羹 【 難易度 ★★★ 】

羊羹で作る紅葉です。艶やかでみずみずしく、
しっとりとした秋の飾りにぴったり。
黄身色の羊羹で、イチョウの形に型抜いても素敵です。

AUTUMN DECORATION

（材料） 作りやすい量（18×18×5cmのステンレス製の羊羹舟1枚分）

水 … 100g

Point 必ず水を使いましょう。お湯は使わないこと。

粉寒天 … 2g

白ザラメ … 70g

Point 白ザラメを使うと甘すぎずさっぱりとした味わいに！

白こし餡 … 150g

粉末食用色素（黄、赤かピンク）… 適量

（道具）

・鍋
・木ベラ
・耐熱ボウル
・箸
・お玉
・羊羹舟（バットでもOK）
・紅葉やイチョウの抜き型（あれば）

（作り方）

1 鍋に分量の水と粉寒天を入れる。木ベラでゆっくり混ぜながら中火にかける。沸騰したら火を止める。

2 白ザラメを加えて溶かし、再び沸騰させたら白こし餡を加え、字が書けるくらいまで煮詰める。

3 火を止めて、**2**を2つの耐熱ボウルに1/2量ずつ分ける。

4 ひとつの耐熱ボウルに水溶きした粉末食用色素（黄）と少量の（赤かピンク）を加え、「黄身色の羊羹」を作る。もうひとつの耐熱ボウルに、粉末食用色素（黄）をベースに（赤かピンク）を加えて、「橙色の羊羹」を作る。

Point 混合色は色が出にくくなります。慣れていないと、色を出そうとして濃くなりがちなので、最初は、薄めの色づけを心がけましょう。白い器などに羊羹を1、2滴垂らすと、どれくらい色づいているか確認できます。

5 **4**が温かくゆるいうちに、先に「黄身色の羊羹」を手早くお玉ですくい、羊羹舟にS字に流す。

Point 羊羹は、ゆっくり垂れるくらいの硬さがベストです。

Point 羊羹舟は、水洗い後に乾拭きをして、水跡のない状態にしておくと、きれいに仕上がります。

6 次に、「橙色の羊羹」を手早くお玉ですくい、**5**の「黄身色の羊羹」の周りに流す。

7 羊羹舟を上下左右に傾けて、羊羹を全体に広げる。

8 黄身色と橙色の羊羹の境を箸先でひっかくように混ぜ、グラデーションを作る。冷蔵庫で2〜3時間ほど、冷やし固める。

9 固まったら、**8**をクッキングシートの上に置き、紅葉やイチョウの形に型抜く。

6

7

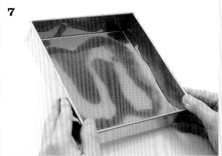

8

9

COLUMN / # 和菓子作りに心を込めて

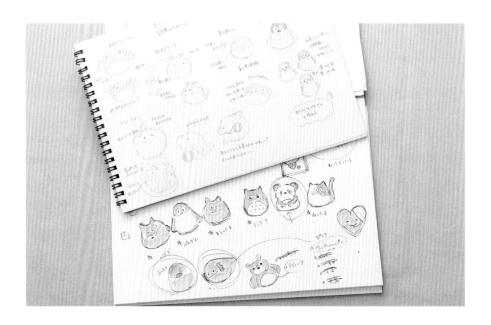

和菓子作りは、基本的に私と妻が中心となって家族で行っています。「癒しのね りきり」をご注文いただいたお客様に、おいしさをお届けし、なごやかなひととき を過ごしていただきたい、という思いを込めて、力を合わせて作業をします。

例えば、「癒しのねりきり」は、工程が多いので作業を分担し、私がどうぶつの形 を作り、目などの細かなパーツは妻が担当しています。また、どうぶつを何と組み 合わせると、お客様により喜んでいただけるか、といったアイデアは、妻がイラス トを描いてくれることが多いです。

SNSでは、お客様がコメントを残してくださるので、それが大きな励みになって います。なかなかお返事をお戻しできなくて心苦しいのですが、いただいたコメ ントはすべて読んでいます。

SNSを通じて多くの方とつながることができました。それまで花鳥風月の伝統的 な和菓子をずっと作り続けてきましたので、SNSで「癒しのねりきり」をご紹介す るときは、正直、勇気が必要でした。けれども、あのとき、一歩を踏み出してよかっ たと心から思います。

第5章

雪が似合うツートンカラー

冬

WINTER

白い息、霜柱、瞬く星々。静かで美しい冬の訪れに合わせて、
どうぶつたちも冬支度。外はとっても寒いけれど、家の中はぽかぽかほっこり。
おいしくてかわいいねりきりと一緒なら、大切な人との時間が、もっと心温まるものになるはず。

ねこたま大集合

吐く息の白さに、冬の訪れを感じる時季、
まんまるなねこたちは、温かい場所を探してのんびり。
彩り豊かで、ずーっと見ていたくなるかわいさです。

1列目左から単色ねこ（P.104）、トラねこ（P.106）、さくらねこ（P.105）
2列目左から白黒ねこ（P.105）、シャムネコ（P.106）、トラねこ
3列目左からハチワレねこ、三毛ねこ（P.105）、トラねこ

単色ねこ

【 難易度 ★ 】

Point レシピではグレーのねこたまをご紹介します。白、黒のねこたまも、ねりきり餡の色を変えることで、同様に作ることができます。

（材料） 1個分

本体

ねりきり餡（グレー）… 28g

小豆こし餡（中餡）… 12g

パーツ

ねりきり餡（グレー／口元のふくらみ、しっぽ）… 適量

ねりきり餡（黄／白目）… 適量

炒りごま（黒／黒目）… 2粒

新引粉（桃／鼻）… 1粒

（道具）

・押し棒（箸頭に丸みのある箸でもOK）

・針切り箸（竹串でもOK）

Point 他のねこも同じ道具で作ることができます。トラねこは小筆も必要です。

（作り方）

本体

1 ねりきり餡（グレー）で小豆こし餡（中餡）を包餡し、卵形に成形する。

2 指で優しく押して頭頂部を少し平らにする。

3 押し棒で耳の部分を2カ所へこませる。指でつまんで先を尖らせて、耳の形を整える。

Point 耳をピンと尖らせるとねこらしくなります。

パーツ

4 ねりきり餡（グレー）を小さく丸めたものを2個作り、体の上の方につけ、口元のふくらみにする。

5 ねりきり餡（黄）を**4**より少し小さく丸めたものを2個作り、目の部分につけて白目にする。

Point 目や口元の小さい玉を丁寧に作り込むと、クオリティが高くなります。

6 白目の中央に炒りごま（黒）を1粒ずつ縦につけて、目にする。

7 新引粉（桃）を鼻の部分につける。

8 針切り箸で鼻の横に斜線を2本入れ、ひげにする。

9 ねりきり餡（グレー）を長細くしてしっぽを作り、曲げながら背中につける。

Point 正面からしっぽの先が見える位置につけるとかわいさアップ！

2

9

三毛ねこ

【 難易度 ★★ 】

材料 1個分

本体
ねりきり餡（白）… 27g

ねりきり餡（小豆色）… 1g

ねりきり餡（橙）… 1g

小豆こし餡（中餡）… 12g

パーツ
ねりきり餡（小豆色／耳、しっぽ）… 適量

ねりきり餡（橙／耳）… 適量

ねりきり餡（白／口元のふくらみ）… 適量

ねりきり餡（黄／白目）… 適量

炒りごま（黒／黒目）… 2粒

新引粉（桃／鼻）… 1粒

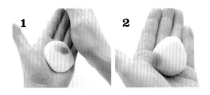

作り方

本体

1 ねりきり餡（白）を軽く伸ばし、ねりきり餡（小豆色）と（橙）を重ねて一部はりぼかす。

> **Point** 包餡後は、はりつけた生地が伸びるので、その様子をイメージしてはりつけましょう。

2 1で小豆こし餡（中餡）を包餡し、卵形に成形する。小豆色と橙が向かって左下にくるように整える。

パーツ

3 ねりきり餡（小豆色）と（橙）を、耳の部分につける。指で優しく押して境界線をよくなじませてから、押し棒で耳の部分を2カ所へこませる。指でつまんで先を尖らせ、耳の形を整える。

4 ねりきり餡（白）を小さく丸めたものを2個作り、体の上の方につけ、口元のふくらみにする。

5 単色ねこの5～8と同様に顔を作る。

6 ねりきり餡（小豆色）でしっぽを作り、背中につける。

白黒ねこ

【 難易度 ★★ 】

材料 1個分

本体
ねりきり餡（白）… 27g

ねりきり餡（黒）… 2g

小豆こし餡（中餡）… 12g

パーツ
ねりきり餡（黒／耳、しっぽ）… 適量

ねりきり餡（白／口元のふくらみ）… 適量

ねりきり餡（黄／白目）… 適量

炒りごま（黒／黒目）… 2粒

新引粉（桃／鼻）… 1粒

作り方

本体

1 ねりきり餡（白）を軽く伸ばし、ねりきり餡（黒）を重ねて一部はりぼかす。

2 1で小豆こし餡（中餡）を包餡し、卵形に成形する。体の黒い部分が向かって左下側にくるように整える。

パーツ

3 ねりきり餡（黒）を向かって右の耳の部分につける。指で優しく押して境目をよくなじませてから、押し棒で耳の部分を2カ所へこませる。指でつまんで先を尖らせて、耳の形を整える。

> **Point** 耳の先端に三角棒（かまぼこ板でもOK）で切り込みを入れると、さくらねこになります。

4 ねりきり餡（白）を小さく丸めたものを2個作り、体の上の方につけ、口元のふくらみにする。

5 単色ねこの5～8と同様に顔を作る。

6 ねりきり餡（黒）でしっぽを作り、背中につける。

シャムねこ

【 難易度 ★★ 】

材料　1個分

本体

ねりきり餡（薄茶）… 27g

小豆こし餡（中餡）… 12g

パーツ

ねりきり餡
（こげ茶／耳、口元、口元のふくらみ、しっぽ）
　… 適量

ねりきり餡（黄／白目）… 適量
＊水色でもOKです。

炒りごま（黒／黒目）… 2粒

新引粉（桃／鼻）… 1粒

作り方

本体

1　ねりきり餡（薄茶）で小豆こし餡（中餡）を包餡し、卵形に成形する。

パーツ

2　両耳の部分にねりきり餡（こげ茶）をなじませる。

3　指で優しく押してから、押し棒で耳の部分を2カ所へこませる。指でつまんで先を尖らせて、耳の形を整える。

4　ねりきり餡（こげ茶）を口元になじませる。

5　ねりきり餡（こげ茶）を小さく丸めたものを2個作り、体の上の方につけ、口元のふくらみにする。

6　単色ねこの**5〜8**と同様に顔を作る。

7　ねりきり餡（こげ茶）でしっぽを作り、背中につける。

トラねこ

【 難易度 ★★★ 】

材料　1個分

本体

ねりきり餡（キャラメル色）… 21g

ねりきり餡（白）… 7g

小豆こし餡（中餡）… 12g

粉末食用色素（茶）… 適量

パーツ

ねりきり餡（白／口元のふくらみ）
　… 適量

ねりきり餡（黄／白目）… 適量

ねりきり餡（キャラメル色／しっぽ）
　… 適量

炒りごま（黒／黒目）… 2粒

新引粉（桃／鼻）… 1粒

作り方

本体

1　ねりきり餡（キャラメル色）を軽く伸ばし、ねりきり餡（白）を重ねてはりぼかす。

2　**1**で小豆こし餡（中餡）を包餡し、卵形に成形する。白がお腹にくるように整える。

3　指で優しく押してから、押し棒で耳の部分を2カ所へこませる。指でつまんで先を尖らせて、耳の形を整える。

4　水溶きした粉末食用色素（茶）を小筆にとり、体の脇に横棒を2本ずつ入れてトラ模様を描く。額にもトラ模様を描く。

Point　小筆を持つ手をもう一方の手で支えると、小筆の動きが安定します。

パーツ

5　ねりきり餡（白）を小さく丸めたものを2個作って、体の上の方につけ、口元のふくらみにする。

6　単色ねこの**5〜8**と同様に顔を作る。

7　ねりきり餡（キャラメル色）でしっぽを作り、小筆でトラ模様を描き、背中につける。

Point　しっぽに模様をつけるのは難しいため、省略してもOKです。

4
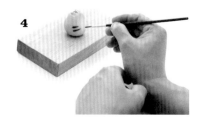

カピバラ 【 難易度 ★★ 】

「頭の上にゆずをのせてどちらへ？」と思わず聞きたくなる、とぼけた表情のカピバラ。
きっと寒いのが苦手だから、温かい温泉で温まってきたのかな。
大好きなゆず湯があれば、この冬も元気にのりきれるね！

作り方

本体

1 ねりきり餡（薄小豆色）で小豆こし餡（中餡）を包餡する。

2 左手で優しく回しながら、右手の指で生地を押し出し、頭と体の間のくびれを作る。

3 指で押し出して、鼻になるところを高くする。

Point 頭を大きめに作り、顔を四角く整えると、よりカピバラらしくなります。

パーツ

4 ねりきり餡（濃小豆色）でやや角ばった楕円形を2個作り、耳の部分につける。

5 ねりきり餡（濃小豆色）を円形に伸ばし、鼻先になじませる。

6 竹串の先で、鼻の部分に鼻の穴を2個入れ、竹串の先で鼻の下と口の線を描く。

7 炒りごま（黒）を縦につけて目にする。

8 ねりきり餡（橙）を丸めてゆずを作り、耳の間にのせる。

Point ごく少量のねりきり餡（緑）や羊羹（緑）で葉をつけてもかわいい！

材料 1個分

本体

ねりきり餡（薄小豆色）… 27g

小豆こし餡（中餡）… 12g

パーツ

ねりきり餡（濃小豆色／耳、鼻）… 適量

ねりきり餡（橙／ゆず）… 適量

炒りごま（黒／目）… 2粒

道具

・竹串

4
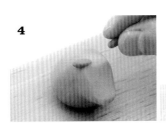

横から見ると
こんな感じ

4

6

シマエナガ 【 難易度 ★ 】

お団子のような小さな体のシマエナガは、「雪の妖精」とも呼ばれる北海道に生息する野鳥。
羽が白くふわふわなのは、空気を取り込んで体を温めているから。
冬の日、枝の上で一列に並んで、身を寄せ合う姿も愛らしい。

1個分

本体

　ねりきり餡（白）… 22g

　ねりきり餡（黒）… 7g

　小豆こし餡（中餡）… 12g

パーツ

　ねりきり餡（黒／口ばし）… 適量

　新引粉（黒／目）… 2粒

作り方

本体

1　ねりきり餡（白）を軽く伸ばし、一部にへこみを作る。

2　へこみにねりきり餡（黒）を重ねて、三部ぼかしをする。

3　**2**で小豆こし餡（中餡）を包餡し、後ろに黒い部分がくるように卵形に成形する。

　　Point　黒い部分が尾羽になります。

4　黒い部分を押し出して、指でキュッとつまみ、尾羽の形に整える。

パーツ

5　ねりきり餡（黒）で小さな三角錐を作って口ばしにし、**4**の口の部分につける。

　　Point　口ばしの作り方はぺんぎん（P.30）の**5**と同じです。

6　新引粉（黒）をつけて目にする。

4

4

ぱんだ 【 難易度 ★★ 】

　ぱんだの主食は笹や竹。笹や竹は冬の間も枯れないので、
ぱんだはそれらを食べて冬眠せずに過ごすのだそう。たれ目に見える目の周りの模様は、
愛くるしさでいっぱい。竹の葉を持っているお友だちをうらやましそうに見ている子も。

材料 1個分

本体

ねりきり餡（白）… 26g

小豆こし餡（中餡）… 12g

パーツ

ねりきり餡（黒／目の周り、鼻、耳、腕）… 4g

羊羹（緑／竹の葉）… 適量

道具

・針切り箸（竹串でもOK）

・竹の葉の抜き型（あれば）

作り方

本体

1 ねりきり餡（白）で小豆こし餡（中餡）を包餡し、卵形に成形する。

2 指で押し出して鼻になるところを高くする。

パーツ

3 ねりきり餡（黒）を小さなしずく形にしたものを2個作り、針切り箸で目の部分につけてなじませる。

3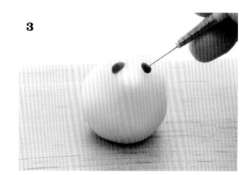

4 ねりきり餡（黒）を小さな楕円形に丸めたものを2個作り、耳の部分につける。

5 ねりきり餡（黒）を小さく丸め、鼻の部分につける。

6 ねりきり餡（黒）で細長い腕を2個作り、体につける。竹の葉を持たせる場合は、羊羹を竹の葉の形に型抜き、このタイミングでつける。

　　Point 竹の葉はねりきり餡（緑）で作ってもOKです。

シュナウザー 【 難易度 ★★★ 】

長い口ひげに垂れ耳、ふさふさの眉毛がチャームポイント。
そぼろ状に仕上げたきんとんをふんわりのせれば、口ひげと眉毛は本物そっくり。
冬の日のひなたぼっこも楽しそう。

Point レシピでは黒のシュナウザーをご紹介
します。ねりきり餡の色を変えることで、グレーや
白のシュナウザーも同様に作ることができます。

材料 1個分

本体

ねりきり餡（黒）… 26g

小豆こし餡（中餡）… 12g

パーツ

ねりきり餡（黒／鼻、耳、しっぽ）… 適量

ねりきり餡（白／口ひげ、眉）… 適量

炒りごま（黒／目）… 2粒

道具

・ふるい（茶こしでもOK）

・先の細い箸

・竹串

作り方

本体

1 ねりきり餡（黒）で小豆こし餡（中餡）を包餡する。

2 左手で優しく回しながら、右手の指で生地を押し出し、頭と体の間のくびれを作る。

3 指でつまむように押し出して、鼻になるところを高くする。

パーツ

4 ねりきり餡（黒）で薄い小判形を2個作り、軽く半分に折って、耳の部分につける。

5 ねりきり餡（黒）でバナナ形のしっぽを作り、背中につける。

6 炒りごま（黒）を縦につけて目にする。

7 ねりきり餡（白）をふるいに通し、そぼろを作る。

Point ふるいをひっくり返し、下から上に向けて、ねりきり餡を押し出すと、ふるいの網の上にそぼろができます。箸で取りやすくなり、作業がしやすくなります。茶こしを使う場合はP.15を参考に。

8 7を箸でそっとつまみ、口元につけて口ひげにする。

9 7を竹串の先で少量取り、眉の部分につける。

10 ねりきり餡（黒）を小さく丸めて鼻にし、鼻の部分につける。

4

5

9

ボストンテリア 【 難易度 ★★★ 】

毛色は、首から胸元にかけて白く、背中に黒が広がって、
まるでタキシードを着ているよう。愛嬌たっぷりの笑顔もチャーミング。
冬の寒さは苦手だけど遊ぶのは大好き。雪遊びが好きな子もいるかも。

（**材料**）1個分

本体

　ねりきり餡（白）… 24g

　ねりきり餡（黒／顔の模様）… 2g

　ねりきり餡（黒／体の模様）… 2g

　小豆こし餡（中餡）… 12g

パーツ

　ねりきり餡（黒／鼻、しっぽ）… 適量

　羊羹（黒／目）… 2粒

（**道具**）

・細工棒（アイスの棒でもOK）

・押し棒（箸頭に丸みのある箸でもOK）

体の模様

顔の模様

（**作り方**）

本体

1　ねりきり餡（白）を軽く伸ばし、ねりきり餡（黒／顔の模様）とねりきり餡（黒／体の模様）を写真**1**のように重ねて端をなじませる。

　　Point　ねりきりを長く持ちすぎると、手の熱で黒と白のねりきり餡が混ざってしまい、色がきれいに分かれません。手早く作業を進めましょう。

2　**1**で小豆こし餡（中餡）を包餡する。

3　左手で優しく回しながら、右手の指で生地を押し出し、頭と体の間のくびれを作る。

4　白い部分を指で押し出して、鼻になるところを高くする。

　　Point　黒の生地が白の生地に混ざりやすいので、少しずつ丁寧に高くしていきましょう。

5　細工棒で口元に八の字に線を入れてほおを作る。

パーツ

6　押し棒で耳の部分を2カ所へこませ、指でつまんで先を尖らせて、耳の形を整える。

　　Point　耳をピンと尖らせましょう。

7　ねりきり餡（黒）で細めの円錐を作り、しっぽにし、背中につける。

8　ねりきり餡（黒）を小さく丸めて鼻にし、鼻の部分につける。

9　羊羹（黒）をつけて目にする。

赤鬼・青鬼 【 難易度 ★★★ 】

絵本の世界から抜け出してきたような、赤鬼と青鬼。ふたりは大の仲よしで、
おそろいのトラのパンツもバッチリ。髪の毛は、ふわふわのきんとん製。
そこからちょこんとのぞくツノと口元のキバがかわいくて、冬の行事でも活躍しそう!

Point　レシピでは赤鬼をご紹介します。
ねりきり餡の色を変えることで、青鬼も同
様に作ることができます。

（材料） 1個分

本体

ねりきり餡（黄）… 18g

ねりきり餡（赤）… 9g

小豆こし餡（中餡）… 12g

粉末食用色素（茶）… 適量

パーツ

ねりきり餡（茶／髪）… 適量

ねりきり餡（白／キバ）… 適量

ねりきり餡（黄／ツノ）… 適量

炒りごま（黒／目）… 2粒

（道具）

・小筆

・小さいスプーン

・ふるい（茶こしでもOK）

・先の細い箸

（作り方）

本体

1 ねりきり餡（黄）とねりきり餡（赤）を重ねて、はりぼかす。

2 1で小豆こし餡（中餡）を包餡し、赤が上になるように、卵形に成形する。

3 水溶きした粉末食用色素（茶）を小筆にとり、黄色のパンツ部分に、太めの横棒を数本入れてトラ模様を描く。

4 スプーンの先を差し込み、顔に口を作る。

Point スプーンを差し込む向きで、表情が変わります。

パーツ

5 炒りごま（黒）を縦につけて目にする。

6 ねりきり餡（白）で三角形のキバを2個作り、口の端につける。

7 ねりきり餡（茶）をふるいに通し、そぼろを作る。箸でそっとつまんで上にのせ、髪にする。

Point ふるいをひっくり返し、下から上に向けて、ねりきり餡を押し出すと、ふるいの網の上にそぼろができます。箸で取りやすくなり、作業がしやすくなります。茶こしを使う場合はP.15を参考に。

8 ねりきり餡（黄）で円錐状のツノを作り、髪の中央にのせる。

きつねとたぬき

きつね 【 難易度 ★★ 】

ふんわりしっぽをふりふり、雪原で大きくジャンプ！
いっぱい遊んだらひと休み。モフモフの体を寄せ合えば、
雪の中でも温かくてぬくぬく。親子ぎつねもいるのかな。

材料 1個分

本体

ねりきり餡（黄） … 21g

ねりきり餡（白） … 7g

小豆こし餡（中餡） … 12g

パーツ

ねりきり餡（黒／鼻） … 適量

ねりきり餡（黄／しっぽ） … 適量

ねりきり餡（白／しっぽの先） … 適量

炒りごま（黒／目） … 2粒

オブラートパウダー … 適宜

道具

・押し棒（箸頭に丸みのある箸でもOK）

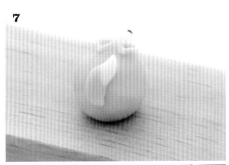
7

9

作り方

本体

1 ねりきり餡（白）を軽く伸ばし、ねりきり餡（黄）を重ねて、はりぼかす。

2 1で小豆こし餡（中餡）を包餡し、背中が黄、お腹が白になるように整える。

3 左手で優しく回しながら、右手の指で生地を押し出し、頭と体の間のくびれを作る。

 Point 2〜3は和柴の形を意識すると作りやすいです。

4 白い部分を指で押し出して、鼻になるところを高くする。

 Point 鼻先をほっそりさせると、きつねらしくなります。

5 押し棒で耳の部分を2カ所へこませる。指でつまんで先を尖らせて、耳の形を整える。

 Point 耳は柴犬よりも少し大きめにすると、よりきつねらしく！

パーツ

6 ねりきり餡（黒）を小さく丸めて鼻にする。

7 ねりきり餡（黄）でしっぽを作り、先端にねりきり餡（白）をはりつけてなじませる。背中の真ん中あたりにつける。

8 炒りごま（黒）を斜めにつけて目にする。

9 頭の上に雪に見立てたオブラートパウダーをふりかける。

たぬき 【 難易度 ★★★ 】

ふかふかの毛におおわれて、顔も体もフォルムはまん丸。
冬の午後、頭の上に葉っぱをのせて、今にも変身しそうなたぬき。
上手に変身できるかな？　いたずらっこな表情がなんとも愛おしい！

(材料) 1個分

本体

ねりきり餡（キャラメル色）… 20g

ねりきり餡（白）… 7g

小豆こし餡（中餡）… 12g

パーツ

ねりきり餡（茶／目元、しっぽの先）… 適量

ねりきり餡（黒／鼻）… 適量

ねりきり餡（キャラメル色／しっぽ）… 適量

ねりきり餡（黄緑／葉っぱ）… 適量

羊羹（黒／目）… 2粒

(道具)

・押し棒（箸頭に丸みのある箸でもOK）

・プラスドライバー

・葉っぱの抜き型（あれば）

(作り方)

本体

1 ねりきり餡（キャラメル色）を軽く伸ばし、ねりきり餡（白）を重ねて、はりぼかす。

2 1で小豆こし餡（中餡）を包餡し、背中がキャラメル色、お腹が白になるように整える。

3 左手で優しく回しながら、右手の指で生地を押し出し、頭と体の間のくびれを作る。

4 白い部分を指で押し出して、鼻になるところを高くする。

5 押し棒で耳の部分を2カ所丸くへこませ、指で形を整える。

パーツ

6 細長くしたねりきり餡（茶）を、目元になじませる。

7 ねりきり餡（黒）を小さく丸め、鼻にする。

8 羊羹（黒）をつけて目にする。

9 プラスドライバーでおへその線を入れる。

10 ねりきり餡（キャラメル色）で野球のバット形のしっぽを作り、先端にねりきり餡（茶）をはりつけてなじませる。くの字に曲げて背中の真ん中あたりにつける。

11 ねりきり餡（黄緑）を薄く伸ばし、葉っぱの形に型抜き、頭にのせる。

　　　Point 葉っぱは羊羹（黄緑）で作ってもOKです。

6

10

冬のかざり

マフラーとサンタ帽子

冬のおしゃれも楽しみなどうぶつたち。おそろいのマフラーや帽子を身に着けて、
イルミネーションの美しい街にさっそくお出かけ。雰囲気たっぷりの冬小物。
寒い季節はぜひプラスしてみて！

WINTER DECORATION

マフラー 【 難易度★ 】

ねりきり餡で作るとき

（材料） 作りやすい量

ねりきり餡（好きな色）… 適量

（道具）
- さらし
- 麺棒
- ナイフ
- 抜き型（あれば）

（作り方）

本体

1 ねりきり餡を濡らして、固く絞ったさらしで挟み、麺棒で薄く伸ばす。

2 ナイフで細長く切る。

3 どうぶつの首に巻き、ちょうどよい長さに手でちぎる。

4 マフラーの端を抜き型の角などでV字に切る。

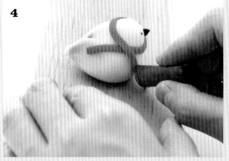

こんな方法も！

押し出し器を使うと、均等な太さのねりきりを手軽に作ることができます。

羊羹で作るとき

（材料） 作りやすい量

羊羹（好きな色）… 適量

（道具）
- 羊羹舟（バットでもOK）
- ナイフ
- 抜き型（あれば）

（作り方）

本体

1 羊羹を羊羹舟などに薄く流す。

　　Point 羊羹の作り方は、P.25、P.98を参考に。

2 羊羹が固まったら、ナイフで細長く切る。

3 どうぶつの首に巻き、ナイフでちょうどよい長さに切る。

4 マフラーの端を抜き型の角などでV字に切る。

サンタ帽子 【 難易度★ 】

材料 作りやすい量

ねりきり餡（白）… 適量
ねりきり餡（赤）… 適量

作り方

本体

1 ねりきり餡（白）を小さな円盤形に整え、どうぶつ
の頭につける。

2 ねりきり餡（赤）を円錐形に整え、先を少し曲げ
て、**1**にのせる。

3 ねりきり餡（白）で小さな玉を作り、赤いねりきり
の先につける。

Point ねりきり餡が乾燥すると、ねりきりにつかなくなる
ので、手早くつけましょう。

Point **1**や**3**の白い部分に、白いそぼろをつけてふわふ
わにするのもおすすめです。

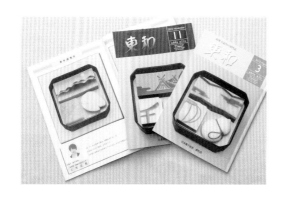

この写真は、三宅さんが
「今月の卓越作品」に
選ばれたときのものだよ！

和菓子の技や細工は、長い年月をかけて、職人の先人たちが築いてきたものです。そんな先人に少しでも近づきたくて、自分の腕を磨くため、日本菓子協会東和会の品評会＊に挑戦してきました。

例えば、毎月出される菓題のひとつに、5つの和菓子を1枚の絵にして仕上げる「五ツ盛」があります。「五味五色五形」といって、5つの素材、5つの色、5つの形で作ることが原則で、他にも色のバランスや配置など、細かな決まりがあります。それを守りながら、上生菓子を創作し、菓銘をつけるのです。

品評会は、職人としての技能が評価される真剣勝負の場ですから、おのずと自分と向き合うことになりますし、選考に残るほどプレッシャーも高まります。

一日の仕事が終わってから菓題に取りかかりますので、体力的に厳しいこともありましたが、その修練で得られた技能は私の原点となり、「癒しのねりきり」にも生かされています。そして、品評会での評価や、入賞時にかけていただいた言葉も、私の心の支えになっています。

＊月に1度、菓題に基づいた作品を出品し、業界最高峰の技術者による厳正な審査を通じて優秀作品を決定。それを1年間続け、年間の成績優秀者を表彰。出品作品は、五ツ盛、三ツ盛の上生菓子、焼き菓子、蒸し菓子、盆景菓子などで、作品の表現、色彩、技術などを審査採点する。「今月の卓越作品」に選ばれると、『月刊東和』の表紙に掲載される。

衛生面・安全面のポイント

「癒しのねりきり」が上手にできたら、取っておきたいと思われるかもしれません。けれども、餡子は手で触れた時間の分だけ、傷みが進んでしまいますので、基本的には保存せずに、その日のうちに、ご自身でお召し上がりになることをおすすめします。けれども、「癒しのねりきり」でご家族のお祝いをしたい、お客様のおもてなしをしたいということで、その準備のために、事前にねりきりを作っておきたいこともあると思います。そこで、ご参考までに、安心して召し上がっていただくためのポイントをいくつかご紹介します。

① 作るとき

1 和菓子を作る前に手をよく洗い、清潔な手で、手早く「癒しのねりきり」を完成させます。これは、保存する、しないにかかわらず、ねりきり作りの基本になります。慣れてきたら、1個を5分程度で仕上げるのが理想です。

2 作業中は、火気のないところで、手と容器、道具に食品用アルコールをこまめに吹きかけ、餡子に触れる際は固く絞った手ぬぐいでこまめに手を拭きましょう。手にぴったり合うサイズでしわにならないタイプの「食品用使い捨て手袋」を使うとより衛生的です。

3 衛生面と仕上がりの両面から、手の温度をできるだけ伝えないように、餡子を持つ時間を短くすることを忘れずに。持ちすぎると乾燥したり、風味が損なわれたりします。迷ったら餡子から手を離しましょう。パーツ作りに時間がかかる場合は、本体などのねりきり餡を保存容器に入れて、乾燥を防ぎましょう。ねりきり餡が乾燥して、パーツがつきにくい場合は、ねりきり餡に染みない程度の水をつけて、くっつけましょう。

② 保存するとき

完成したら、作ったねりきりが乾燥しないよう、すぐに市販の和菓子ケースか保存容器に入れます。そして、それをバットにのせ、冷凍庫で一晩以上、しっかり冷凍します。
冷凍保存は、1週間以内を目安にしましょう。

③ 食べるとき

食べるときは、冷蔵庫で4時間ほど解凍してから、その日のうちにいただきます。「癒しのねりきり」をふるまう場合は、アレルギーへの配慮として、山芋やごまなど、使用した材料をお伝えする心遣いも忘れずに。

常々、「和菓子は食べられる贈り物」と思っているのですが、季節ごとの行事やお祝い、記念日など、喜ばしい日のお菓子に和菓子を選んでいただけると、とても嬉しい気持ちになります。その和菓子を手作りしたというエピソードは、「癒しのねりきり」を受け取られた方にとって、きっと小さなサプライズになると思います。

おわりに

たくさんの本の中から、「癒しのどうぶつねりきり」の本をお手に取ってくださり、ありがとうございます。心より感謝申し上げます。

最後に、お店について、少しお話ししたいと思います。
「御菓子司 紅谷三宅」は、栃木県真岡市の真岡駅から、北西に1kmほどのところにある和菓子店です。父が創業した店を、2015年に継いで二代目となりました。

先代の父からは、「前味、中味、後味」が大切だと、小さなころから教えられて育ちました。この言葉は、もともとは「店」に対する言葉ですが、和菓子に置き換えると、お客様に食べてみたいと思っていただけるお菓子に仕上げること、実際に食べておいしいこと、そして食べたあとにおいしさの余韻が残ること、となります。

素材にこだわり、余計なものを入れず、シンプルに作り上げることが、素材が生きるまろやかな甘みと、口どけのよさにつながります。「食べておいしいこと」は、先代が大切にしている心得ですので、私も日々、そうしたお菓子を目指して励んでいます。

そして、「食べておいしいこと」を大事にした上で、お客様に喜んでいただくための要素のひとつとして、私自身は、見るだけで笑顔になれるような、愛らしい見た目も大切にしていきたいと思っています。

「癒しのねりきり」は、細かなパーツが多いので、ねりきりにとって一番いい状態、おいしい状態を保つためには、手のひらの熱をできるだけ伝えないように、手早く仕上げる必要があります。毎日、どうしたらもっと手早く、もっとうまく作ることができるかを、自問自答しながら作っています。

おかげさまで、インターネットでの通信販売を始めてから、「ねこたま」だけでも、多いときは、月に3,000個ものご注文をいただけるようになりました。小さな工房ですので、これ以上販売数を増やすことはできませんが、その分、これからも、ひとつひとつの「癒しのねりきり」に、感謝の思いとまごころを込めて、お届けしてまいります。この本ではご家庭向きに、より作りやすいようアレンジしたレシピをご紹介しましたが、機会がありましたら、店のねりきりもぜひ召し上がっていただければと思います。

ふりかえると、小さなころから模型作りや工作など、細やかな作業が大好きでした。その日々の延長線上に、和菓子職人の私がいます。和菓子は生活必需品ではありませんが、ほおばるだけで笑顔になれる、心を豊かにしてくれるものだと思います。

「癒しのねりきり」を通じて、そうした和菓子のよさを、ひとりでも多くの方に知っていただければ、この上ない喜びです。

2023年8月吉日　三宅正晃

三宅 正晃

和菓子職人。1級菓子製造技能士（和菓子）。製菓衛生師。栃木県真岡市で「御菓子司 紅谷三宅」を営む。平成27年度日本菓子協会最優秀技術会長賞、第6回全国菓子研究団体連合会上生菓子部門グランプリ、平成27年全日本和菓子品評会最高技術賞、2017年いちごグルメコンテスト優勝など受賞歴多数。伝統的な和菓子を作り続けながら、愛らしいどうぶつをかたどった「癒しのねりきり」を販売して人気に。栃木県裏千家茶道協会をはじめ、栃木県芸術祭茶会、真岡市内の高等学校茶道部などのお菓子を制作。手しごとの魅力を知る機会になればと、真岡市主催の和菓子教室や小学校での出張授業も行う。Twitter、Instagramを通じて、和菓子の情報を日々発信している。

御菓子司　紅谷三宅　オンラインストア
https://beniyamiyake.raku_uru.jp/

Twitter:@beniya0114
　　　　@beniyamiyake
Instagram:@beniya_miyake

〈参考資料〉
・一般社団法人 日本菓子協会 東和会
　ホームページ
　https://towakai.net/
・『the Meaning 輝く20人の人生の見つけ方』
　（こども教育出版）Radio15「和菓子職人に聴く」

初心者さんもおうちで簡単！
癒しのどうぶつねりきり

2023年8月24日　初版発行

著者	三宅 正晃
発行者	山下 直久
発行	株式会社KADOKAWA
	〒102-8177　東京都千代田区富士見2-13-3
	電話 0570-002-301（ナビダイヤル）
印刷所	図書印刷株式会社
製本所	図書印刷株式会社

●お問い合わせ
https://www.kadokawa.co.jp/
（「お問い合わせ」へお進みください）
※内容によっては、お答えできない場合があります。
※サポートは日本国内のみとさせていただきます。
※Japanese text only

定価はカバーに表示してあります。